JN112920

ゴーマニズム宣言SPECIAL

小林よしのり

ウクライナ戦争論2

扶桑社

ゴーマニズム宣言
SPECIAL
ウクライナ
戦争論
2

地図で見たウクライナ戦争

2023年1月12日現在

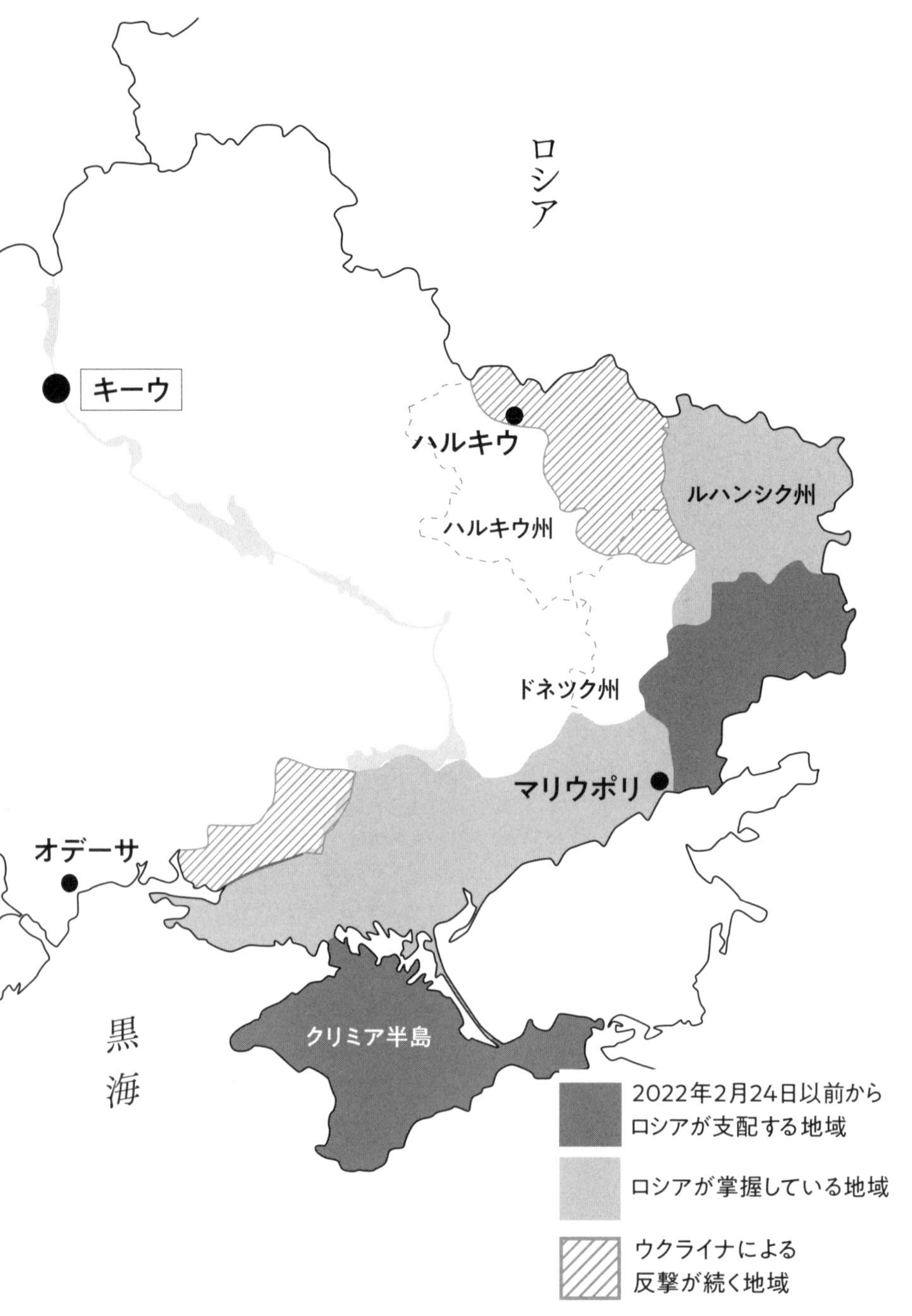
ロシア
キーウ
ハルキウ
ハルキウ州
ルハンシク州
ドネツク州
マリウポリ
オデーサ
黒海
クリミア半島
2022年2月24日以前から
ロシアが支配する地域
ロシアが掌握している地域
ウクライナによる
反撃が続く地域

開戦当初の ウクライナとロシアの 戦力比較

ウクライナ		ロシア

20万人	総兵力	85万人
69機	 戦闘機	772機
約 2600 両	 戦車	約 1万2500 両
約 59 億ドル	 軍事費 2020年	約 617 億ドル
0発	 核兵器	6255発

※軍事情報サイト「GLOVAL FIRE POWER」ならびに
ストックホルム国際平和研究所（SIPRI）2021年版を基に作成

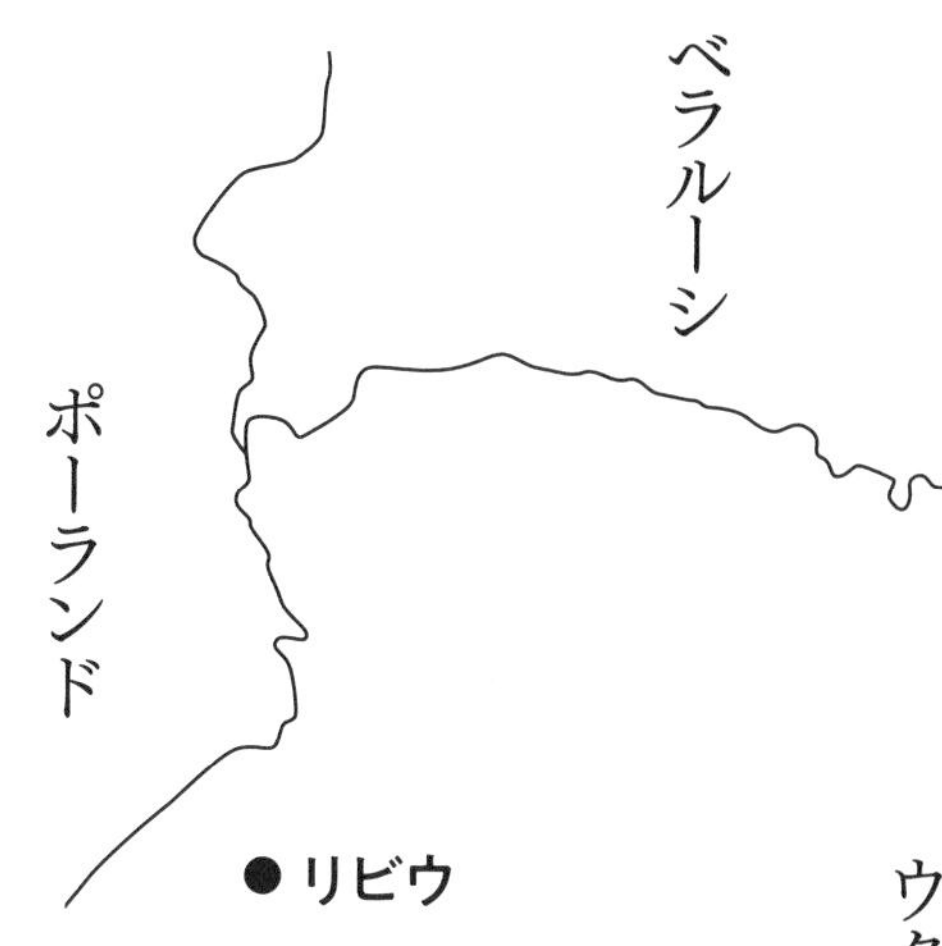
ベラルーシ
ポーランド
リビウ
ウクライナ

国連が発表した
戦火で犠牲になった
ウクライナ市民の死者数
少なくとも**6952人**
（このうち子供は431人）
※2023年1月9日時点

UNHCR（国連難民高等弁務官事務所）
が発表した欧州各地に滞在している
ウクライナ難民
796万7409人
※2023年1月10日時点

本作品内で「世界平和統一家庭連合」について言及している箇所については、報道等で使用されている「旧統一教会」ではなく、同団体の旧名称である「世界基督教統一神霊協会」(英語表記: Holy Spirit Association for the Unification of World Christianity)に由来する「統一協会」と表記しています。

まえがき

国際政治学者のイアン・ブレマー（米国のコンサルティング会社「ユーラシア・グループ」の社長）が、2023年における世界の最大リスクを「ならず者国家」・ロシアだと言っている。この「ならず者国家」という言葉がいい。北朝鮮と同等の野蛮な国であるとロシアを認定しているからだ。

まさしくその通りで、戦時国際法も、国と国との条約も、人類が進歩させてきたあらゆるルール感覚をも無視する「犯罪国家」がプーチン・ロシアである。一応、プーチン・ロシアと呼んでおかねばならぬのは、ロシア人への人種差別が形成されてしまう心配があるので仕方がない。

ロシア国民はプーチンの言論弾圧によって、著しく情報が制限されているし、プーチンを批判すれば、逮捕されたり、暗殺されたりするから、個人として自立することは不可能だ。あくまでも現在のロシアは、プーチン・ロシアとして、特殊な権威主義的、独裁国家だと認識しておくほうがいい。

ただし戦時下、次々と明らかとなっていくロシア兵の残虐非道な振る舞いは、民族性が為せる業なのかと疑いたくなるほど、歴史的に進歩がない。何しろ「レイプ」を作戦上の武器にしていて、戦場のロシア兵のレイプに妻が許可を与えているのだから、モラルが完全に狂っている。

最近では、ロシアで200人の女性を殺害したとされる連続殺人鬼がウクライナ侵攻で、プーチン大統領のために戦うことを志願している。最前線で6か月生き延びて、恩赦を得ようとしているのだ。

ロシアの民間軍事会社「ワグネル」グループの傭兵部隊は、ロシアの刑務所にいる囚人のなかでも、特に人を殺すことにためらいがない凶悪犯を重点的にスカウトし、最前線で6か月戦闘すれば、恩赦を与えるシステムを採用している。近代法を簡単に無視して、犯罪者を戦地に送ることを容認する国家は、やはり国際社会のなかではまったく信用できない「ならず者国家」に認定されても当然と言えよう。

このような野蛮国家とウクライナを同列に並べて善悪の判断から逃げ、ウクライナとロシアを「どっちもどっち」と相対化しようとする知識人が、海外にも、日本にもいたことを、我われは忘れてはならない。

日本は現在、ウクライナに650億円の借款を行い、防弾チョッキやヘルメット、防寒服、双眼鏡、テント、カメラ、非常用食料などの軍事支援をしている。当然、西側諸国と足並みを揃え、ロシアへの経済制裁も継続中だ。外交官の国外追放措置を行い、日ロ間の直接対話の窓口も閉ざした。

元々、日本とロシアは北方領土問題の解決がなされず、講和条約も結んでいない。いわば敵国のようなものだが、ウクライナ戦争後は、NATO（北大西洋条約機構）の加盟国ではないにもかかわらず、NATOの一連の会議にも参加し、対ロ非難を繰り返している。非常に思い切った措置で、わしはこの件に限っては岸田政権を支持するし、ロシア政府が日本を敵国扱いするのもやむなしと思っている。

つまり日本は、完全に戦争の「当事国」なのだ。いつロシアが日本を攻撃してくるかわからない……。そんな過酷な状況にあるからこそ、我われは「当事者意識」を持ってウクライナ戦争について語らねばならないのだ。

そんななかで日本の内外から出てきた〝どっちもどっち論〟や、国民の犠牲をこれ以上出さぬためには、ゼレンスキーが譲歩して停戦すべきという知識人が右派にも左派にもいたのだから、まったくその当事者意識のない「平和ボケ」「お花畑」の学者や専門家には呆れる。そういう連中は、どうぞロシアに移住して、言論弾圧の悲惨な魅力を味わっていただきたい。

もちろんウクライナ国民は、ロシアの侵略が始まってから1年を経た今でも徹底抗戦でまとまっており、市民の間で厭戦気分は高まっていない。ロシア語しか使えないウクライナ人ですら、ロシアへの敵意と、愛国心・ナショナリズムが急激に醸成されている。降伏はもちろん、領土的妥協もウクライナ国民は拒否している。平和ボケの日本人に比べて、あっぱれと言うほかない。

この戦争はロシアの撤退で終えるしかなく、プーチンの失脚もしくは暗殺、あるいはクーデターで決着をつけるしかない。

世界中で無意識にポストモダンの洗礼を受けた知識人は、海外ではノーム・チョムスキー（米国の言語哲学者・マサチューセッツ工科大学インスティテュート・プロフェッサー、名誉教授）からエマニュエル・トッド（フランスの人口統計学者・歴史学者）まで、善悪二元論を嫌うが、その感覚はイラク戦争ではまだ通用したものの、今回ばかりは無理筋というものだ。

プーチンが「反リベラリズム」の「ネオ・ユーラシア主義」に傾き、ウクライナを自分の版図にしようという間抜けな妄想に取り憑かれた悪党であり、ゼレンスキーは自国の主権と民主主義を守る英雄と明確に認定するしかない。

今後は核が「使える兵器」となるか否かの重大問題もある。だが、核を使用すれば、さすがに中国もインドも、ロシアに友好的な態度を建て前だけでもとることができなくなる。

核のボタンに手をかければ完全にロシアは孤立するし、国際テロ組織「アルカイダ」を率いたウサマ・ビンラディン（1957~2011年）の暗殺のときのように、他国の主権を冒してでも、プーチン個人へのテロ攻撃が実行され、それを国際社会は許容するどころか、待望するようになるだろう。

プーチンは絶対的な悪魔として歴史に名を刻むことになる。ロシアは今後何十年も国際社会に復帰できなくなる可能性もある。

現時点での価値判断は明確だが、果たして戦争の帰趨はまだ不透明だ。『ウクライナ戦争論3』は2023年夏頃、再開する予定である。

小林よしのり

ゴーマニズム宣言SPECIAL
ウクライナ戦争論2
目次

構成
岸端みな[よしりん企画]
作画
広井英雄・岡田征司・宇都聡一・時浦 兼[よしりん企画]
編集
山﨑 元[扶桑社]
カバー立体製作
宮川アジュ
ブックデザイン
鈴木成一デザイン室

ゴーマニズム宣言SPECIAL
ウクライナ戦争論2

第1章
部分動員・国外逃走・腕を折る・HIV診断書

プーチンの帝国妄想に駆られた100%明白な侵略に、重大な転換点が訪れた。

ゼレンスキーの知略は驚くべきものだった。
南部、クリミア半島を攻めるぞと牽制しておいて…
クリミア半島

突如、東部で電撃的反転攻勢!
ウクライナ戦争開始7ヶ月にして大きな戦況の転換点を迎えた。
ハリコフ州

ウクライナの首都・キーウを攻め落とせなかったロシア軍は、3月に撤退せざるを得なくなり、第一のつまずきとなった。

それから半年後またしても劇的な変化で、ロシアが多大な被害を出しながら数ヶ月かけて獲得した「戦果」が数日間で帳消しとなってしまった。
ウクライナ軍はなんと3000平方キロメートルの領土を奪還した！
ドドオォ

ロシア軍は2022年9月10日にハリコフ州の要衝イジューム周辺のロシア兵に撤退を命じた。
ベラルーシ
ロシア
キーウ
ウクライナ
イジューム
ルハンスク州
ザポリージャ州
ヘルソン州
ドネツク州
黒海
クリミア半島
ロシア兵はパニックになって逃走したという。
これはプーチンの大恥になる敗北である。

焦ったプーチンは、
9月21日、劣勢打開を狙い、
予備役30万人を召集する
「部分的動員令」を出した。
手当たり次第の動員で
国民の間に恐怖が
広まってしまった。

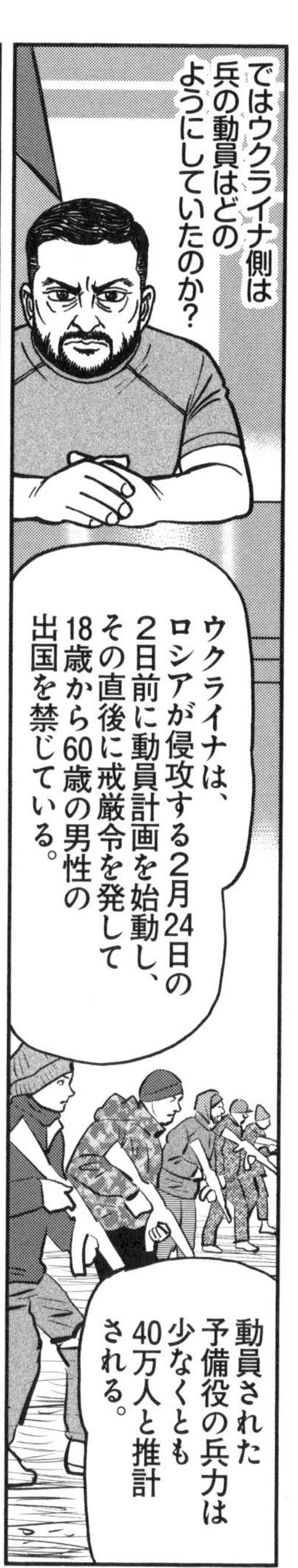
ではウクライナ側は
兵の動員はどの
ようにしていたのか?
ウクライナは、
ロシアが侵攻する2月24日の
2日前に動員計画を始動し、
その直後に戒厳令を発して
18歳から60歳の男性の
出国を禁じている。
動員された
予備役の兵力は
少なくとも
40万人と推計
される。

ここで注目して
ほしいのは、
ウクライナの動員と、
プーチン・ロシアの動員は、
質が全く違うという
ことだ。

ウクライナは
民主制の国の
「祖国防衛の戦い」!
ロシアは
独裁制の国の
「侵略戦争」だ!

眞子さまが選んだ小室圭氏がニューヨークの司法試験に、たった1年で合格した！今まで小室氏をバッシングしていたエセ保守どもは何を思うか？ダンマリを決め込むしかないよな。

ウクライナ人はもとより祖国を守る気、満々だ。

8月の段階でも一般女性がこう言う…

戦争が終わるのは、ウクライナが1991年に独立した際の国境を回復したときだ。それしかない！

プーチンの支配などまっぴらだ。

ロシアを撃退し、二度とウクライナに手出しできないようにしなくてはいけない！

ゼレンスキー批判に思う

一筆多論

遠藤良介

(産経新聞2022年9月27日付)

ウクライナの勝利を信じる人は98%。

ゼレンスキーを支持する人は91%にのぼる。

さて、ロシアの動員だが、予備役は再教育や訓練が必要だが、それをやると実戦配備に数ヶ月かかることになる。

だが、焦りまくっているプーチンは、まともな訓練などせずに、さっさと前線に送り込んでいる。

動員の発表は、ロシア国内にパニックを引き起こした。

国内では各地で反戦デモが多発。

НЕТ ВОЙНЕ

НЕТ ВОЙНЕ

それを警察が力ずくで押さえつけて逮捕する。

ロシアからの片道航空券は9月21日に即売り切れた。

愛子さまが皇太子になっても、「男系絶対」と固執していたエセ保守どもは、小室圭の場合と同じ態度になる。ダンマリを決め込むだけだ。「王朝交代だ」なんて運動しても、馬鹿としか思われない。

国境には国外脱出する人々で大渋滞が起きている。

自転車で脱出する者、歩いて脱出する者もいる。

帝国を築きたい男のために手を血で染めたくないし、ひつぎに入って戻ることになりたくもない！

部分的動員令が発表された21日以降、26万人ものロシア国民が国外に逃亡したという。

国内では、動員反対のデモがひん発し、警察に逮捕された者が、その場で召集令状を渡されたりしている。

腕を折るサイトを見る人が殺到し、

偽の診断書を作ってでも、召集を逃れたい人たちが出て来ている。

本来、ルソーの「社会契約論」にあるように、「国民国家」では、国家の要請があれば、国民は死を賭けて戦わねばならない。
だがこれは「国際法」がない「帝国主義」の時代の話だ。

「国際法」で、侵略戦争が禁じられた現代では、

ましてや独裁国家の人民においては、独裁者の侵略戦争を拒否して逃げる者こそが愛国者と言えよう。

国家の不名誉を恥じ、国家を超える「公」を考えて、国家の名誉を守る手もある！

思えば、安倍外交で今度こそ北方領土が返ってくるなんて、一部マスコミがバカ騒ぎしていた時期がありましたなあ。ブログマガジン小林よしのりライジングはその当時から、そんなことはありえないと警鐘を鳴らし続け、全て的中でした！ 詐欺的言論人・メディアに騙されたくない人は必読！

愛国者ならば、独裁者の暴挙で、国家の尊厳を傷つけ、世界から孤立する道を否認しなければならない。

ただし、国外逃亡できるのは、国境警備員に賄賂を渡せる裕福な者に限られるかもしれない。

逃げられずに召集に従う貧困層は、士気が低いままで戦地で死んでいく者が多いだろう。
独裁者の全く無意味な戦争ゲームの犠牲者にしかならない。

そもそもロシアの戦況は、人員不足に加え、軍事技術的にも不利な状況にある。
アメリカを含む西側諸国は、武器、訓練、情報といった形でウクライナに軍事支援を続けていて、いずれもロシアを苦しめている。

ウクライナ軍の攻撃がロシア軍の指揮所や砲台を正確に狙い、ダメージを与えている。
なのにロシア軍は攻撃の確実性に欠け、散発的だ。
ドオンッ
ロシア兵の士気は、通常兵の間でさえ著しく低下している。

一方、ウクライナ兵の士気は非常に高い。
その士気と軍事力の差は、ウクライナ兵1人がロシア兵5人に匹敵するという。

ドネツク州やザポリージャ州などウクライナ東部や南部のロシア側支配地域では、9月23日から強行されたペテンの「住民投票」が行われ、4つの州でそれぞれ90％超の「編入賛成」とする親ロシア派の結果が出た。
ロシア
キーウ
ウクライナ
ルハンスク州
ドネツク州
ザポリージャ州
ヘルソン州
黒海
クリミア半島
こんなペテンは国際社会はどの国も認めない。
この4州をロシア領と宣言すれば、ウクライナに奪還されないとでも思ったか？

ウクライナ戦争で、「人命が失われるから早期に停戦せよ」と、ゼレンスキーに忠告した「お花畑の度外れ馬鹿」はもう何も言うな！

だが4州併合の翌日には、ウクライナはすぐに東部ドネツク州の要衝・リマンを奪還し、さらに快進撃を続けている。

プーチンは核使用の脅しを繰り返しているが、さすがに核まで使えば国際社会の怒りが沸点に達して、インドも中国も支持できまい。

外ヅラだけ友好国のふりをしているインド・中国が離れれば、ロシアは世界から孤立する。

ごーまんかましてよかですか？

プーチンは何十万人もの被害が出る核使用はできない。

せいぜい無人の島で核実験して脅すくらいだろう。

だが それでウクライナが降参するなんてことはない！

ウクライナ国民は、もっと戦意を高揚させ、全世界の支援を受ける。

プーチン！オマエはすでに死んでいる！

闘論席

国際法を無視した「侵略戦争」は「絶対悪」と見なさなければならない

『週刊エコノミスト』2022年4月12日号より

[写真 SYNEL / PIXTA]

ロシアが現在ウクライナでやっていることは、国際法を完全に無視した蛮行である。

これを許したら世界は弱肉強食の論理のみが支配することになり、17世紀のイングランドの哲学者トマス・ホッブズの言う「万人の万人に対する闘争」(『リヴァイアサン』)の時代に逆戻りである。

国際法秩序が崩壊したら、「核」も盾矛両面揃った軍隊も持たない日本は国として生き残れない。

ウクライナ情勢は日本にとって、決して他人事ではない。ウクライナにとっても日本にとっても、ロシアは常に脅威の隣国である。違いはウクライナがロシアと平坦な地続きなのに対して、日本は幸運にも海で隔てられているということだけである。そして日本は今も、千島列島をロシアに不法占拠されているという事実を決して忘れてはならない。

プーチンが始めた侵略戦争は世界の秩序を根源から破壊する悪であり、絶対悪と見なさなければならない。たとえプーチンがウクライナのゼレンスキー大統領を暗殺して傀儡(かいらい)政権をつくっても、ウクライナ国民はゲリラ戦に持ち込むだろう。ベトナムでもアフガニスタンでもイラクでも、正規軍はゲリラに勝てなかったという教訓もある。プーチンは大失敗をやらかした。この戦争がまったくロシアの国益にならないことは、もう明白である。

国際社会が団結してプーチンの暴走を食い止めれば、国際法は強化される。中国もその国際社会の反応を見れば、台湾侵攻には踏み出せなくなるだろう。

ウクライナ国民には本当に気の毒としか言いようがないが、もう一方でウクライナの戦士たちは国際法を守る英雄だと断言できる。

ロシアがそれ相応の報復を受ける結果となれば、国際社会にとっても、日本の国益にとっても、案外良い影響をもたらすかもしれない。

Moscow
Nijni Novgorod
RUSSIA
Samara
Minsk
Mohilev
Tula
Orel
ENGLAND
LONDON
Berlin
Warsaw
Kursk
Saratov
GERMANY
POLAND
Southampton
Antwerp
Leipzig
Prague
Kiev
Kharkov
Brussels
Cologne
EUROPE
Paris
CZECHO-SLOVAKIA
UKRAINE
Brest
Orleans
Munich
Vienna
Rostov
Loire
FRANCE
Bern
AUSTRIA
HUNGARY
Odessa
St. Nazaire
SWITZERLAND
Buda-Pest
La Rochelle
Lyons
Trieste
RUMANIA
Galatz
Astrakhan
Bordeaux
Venice
Turin
Genoa
YUGO-SLAVIA
Bukarest
Novorossusk
Toulouse
Belgrad
Danube
Sebastopol
BULGARIA
Black Sea
Petrovsk
Bilbao
Marseilles
Rome
Adriatic Sea
Philippopolis
Varna
Constantinople
Poti
Tiflis
Saragossa
Corsica
ALBANIA
Batoum
Derbent
Madrid
Barcelona
Naples
Brindisi
Salonica
Scutari
Trebizond
AZERBAIJAN REP.
Valencia
Sardinia
GREECE
ARMENIA
SPAIN
Balearic Is.
Aegean Sea
ASIA MINOR
Palermo
Messina
Tabriz
Seville
Mediterranean Sea
Athens
Smyrna
Eregli
Sicily
Aleppo
Gibraltar
Algiers
Tunis
Malta
Malta to P. Said
Euphrates
Tigris
MESOPOTAMIA
Oran
TUNIS
Crete
Cyprus
Fez
Gabes
Beirut
Damascus
ALGERIA
Tripoli
Bagdad
MOROCCO
Figig
Tugurt
Jaffa
Bengazi
Alexandria
P. Said
Jerusalem
El Golea
Ghadames

第2章
親ロ・プーチン派の日本人

2022年8月6日「オドレら正気か?・横浜LIVE」で、
二人の国際政治学者、
東京外国語大学大学院教授・篠田英朗氏と、
ウクライナ人のグレンコ・アンドリー氏を
招いて、ウクライナ戦争を巡る議論を
とことん深めた。

まず、篠田氏は
こう言った。
この戦争は、
ロシアの
紛れもない侵略
によって始まった。
これ、かなり
珍しいケース
ですよね。

普通、侵略か否かは
簡単に判断できない
場合の方が多く、
ここまで
あからさまな侵略は
珍しいのだ。

オウム真理教事件の時、「価値相対主義」の罠に嵌って、「マスコミの糾弾＝正義、オウム＝悪」と決めつけるのは良くない、魔女狩りだと文化人は言っていた。わしはオウムと裁判闘争をし、同時に暗殺計画も立てられていたので、真剣さが違う。それがわしが「SPA!」を辞めた理由だった。

それなのに“どっちもどっち論”が出て来るのは、非常に良くないと篠田氏は言う。
クライテリオン
ウクライナからの教訓
2022年7月8日の安倍晋三元首相の射殺事件によって、私たちは少なくとも一つのことを知った。銃撃がいかにむごたらしく人間の体を破壊し、命を奪うかということだ。そのときウクライナのことをふと思った。このような銃撃、さらには砲撃による人間の破壊が日々起こっている。これはそれ自体がとてもよくない。
ウクライナ、戦争と人権

侵略行為っていうのは国際法の中でも際立って違法性が高い。国連憲章の中枢っていうか、それなくなったら、国際法の真ん中部分がぽっかり抜けちゃって、国連憲章が存在している意味なくなっちゃう。

国際法の世界には強制力を持った世界政府とか、世界警察、世界裁判所のようなものがありませんので、明白な違法行為に対し、「ここは事を荒立てず、ごまかしておこうや」と言ったら、何もかもが曖昧になってしまうわけです。

ウクライナ戦争でも、河瀬直美が東大の入学式祝辞で「アカデミック・ドレス」を着て、「ウクライナとロシア、どっちもどっち論」を唱え、それを篠田英朗氏が鋭く批判した。

国際法には強制力がなく、**「これくらいのルールがないと困るから、みんなで守っていこう」**という各国の同意のもとに成り立っている。

〝どっちもどっち論〟がなぜいけないかというと、その時に引き起こされる損失、マイナス材料をちゃんとわかってて言ってますかということなんですね。

それを**「今回はちょっと目をつぶろう」**とやってしまったら、もう国際社会にはルールがなくなってしまい、それは日本にとっても巨大な損失となると篠田氏は指摘する。

ルールがなくなっちゃったら、ルールがあると思って生きている我々が損するんだってことを、シビアに考えていただきたい。

全くその通りで、ルールがなくなって得をするのは軍事大国だけで、日本には損しかない。

ルールなき国際社会になっても日本は生きていけるのかということすら考えずに、**〝どっちもどっち論〟**を言う日本人は、平和ボケの甘ったれなのだ!

すると藤井聡氏ら「クライテリオン」は、篠田氏ら国際政治学者を徹底批判、「どっちもどっち論」を擁護してしまった。彼らは、西部邁がわしと共に徹底批判した「価値相対主義」の罠に嵌ってしまったのだ。

篠田氏はさらに、そんな平和ボケの日本人を5つに分類した。
②反米主義者
ウクライナはアメリカの犠牲者などと、何があっても、全部アメリカのせいと結論を決めている人たち。
③平和主義の方々
ウクライナは停戦に応じよ、降伏せよと言う。ウクライナ人の戦いを自衛として肯定したら、過去の日本の戦争も自衛だったと肯定する言説も出てくると、勝手に先回りして警戒する人たち。
⑤操作論的な人たち
テクニカルに国際情勢を操作できると思っている。弁護士に多い。

①親露派
もともと「ロシアのおともだち」だった人たち。一番、わかりやすい。
北方領土が外交で戻ってくるはずないとずく〜〜っと思ってたぜ。
クライテリオン
ウクライナからの教訓
わしは祖父たちへのマナーとしての反米であり、グローバリズム批判である。現代ではどこの国でも侵略は許されない。

④陰謀論に弱い人たち
なぜそんなものを信じるのか、一番理解に苦しむ方々。

死ぬのダメ
みんな国外に逃げる
プーチンが死んだらみんな仲良く帰ってくる
ん〜〜…
わしはこの分析に大笑いしてしまった。
クールなようで皮肉っぽくておかしな人だ。

一方、グレンコ・アンドリー氏の発言には、さすが当事者と思わせられ、特に質疑応答で**「日本人とウクライナ人の共通点」**を問われた時の、回答には目を見張った。

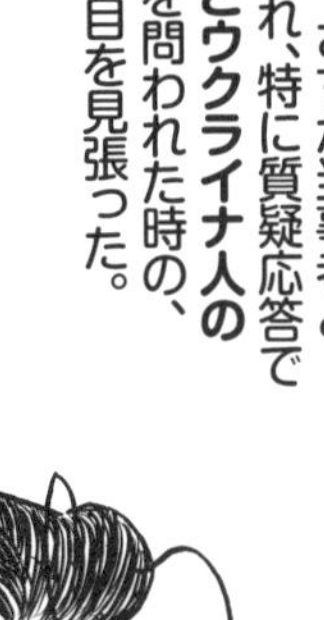

似ている点としては、平和ボケしている点ですよね。

ウクライナ人は2014年のクリミア侵略までの間、戦争はほっといても起きるはずないし、安全保障のことを何も考えなくても勝手に平和になると思っていて、それで非常に重い代償を払うことになってしまったんですね。

今、あれだけの戦火の中にいるウクライナ人がそうなるとは思ってもいなかったというのは衝撃だ。

だとしたら、**「どっちもどっち」**なんて言ってる日本人だって…

さらにグレンコ氏は、日本人とウクライナ人が似ているところとして、自分からどこかを攻撃しようとか、誰かのモノを奪おうとかいう感覚がない平和な民族性や、対立が起きた際にはまず自分が譲れば、相手も譲ってとりあえずの解決になるだろうと考える意識を挙げた。

だが、そんな平和的な感覚は残念ながらロシアには一切通じないのだ。

今後の見通しについて、グレンコ氏はこう言った。

ロシアとの停戦というのは、ロシアの出した条件を呑むということでしかありえないいんですね。

なぜなら、ロシアは、ウクライナは自分たちの領土だと思っているから、諦めることは、何があっても絶対ないいんです。

だから、ただ戦闘状態が終わるだけの停戦を、ロシアは認めるわけがないいんですね。

例えばロシア軍がやられて兵が足りない、武器も足りない、しばらく戦えないとなったとしても、膠着状態になっても停戦には応じないいんですね。

仮に形だけ応じたとしても、絶対すぐ破るんですね。

世界の国々の外交感覚、戦争観が、日本人の常識と同じだと絶対に考えてはいけない。お人好しで、お花畑の日本人は、平和なんか全く望んでいない国だってあることを、そろそろ理解しなければならない。

恐るべきことだが、プーチンはもちろん、ロシア人の大部分も、自分たちが侵略しているとは全く思っていない！

ロシア人の多くはウクライナ人はロシア人と別の民族だとは絶対に認めず、ウクライナはロシアの一部だという感覚でいる。

もちろん全く偽史なのだが、ロシア人はそれを真実と思っている。

それで、ウクライナを併合するのは侵略ではなく、本来あるべき状態に国土を復帰させ、ウクライナを「解放」することであり、それが「正義」だと本気で、無条件に信じている。

だから決して引くことはないのだ。

「日本悪玉史観」は、河瀬直美のように、「日本こそが侵略戦争を起こす国」と東大で演説させ、統一協会の反日教義になり、日本人女性を奴隷にする効果を発揮している。日本は未だに自虐史観を治療できない。

そして、仮に停戦協定やら条約やらが結ばれたとしても、ロシアは決してそれを守らない。

これも『ウクライナ戦争論』第1巻で描いたことだが、ロシアにとって協定だの条約だのというものは、相手を油断させておいて、破るために結ぶものでしかないのだ！

こんな相手から侵略され、圧倒的に不利な条件下で戦っているウクライナ人を応援せず、「どっちもどっち」などと言う平和ボケの日本人がいる。

ごーまんかましてよかですか？

そいつらはウクライナを核で脅す大国と、自衛権のみで戦う国民に対して、何の敬意も抱かず、当事者意識も持てないクズ中のクズ！

自分の臆病を他人ごとで隠す卑怯者なのだ！

奴らは単なる「親露プーチン派」でしかない!!

闘論席

エマニュエル・トッドも自称保守派も どっちもどっちの「こじらせ親ロ派」

『週刊エコノミスト』2022年7月12日号より

［写真 共同通信社］

フランスの歴史人口学者として名高いエマニュエル・トッドが、ロシアによるウクライナへの侵略行為について、「国境線の修正」という「ローカルな問題」にすぎない……との見解を示している。これは、「ソ連崩壊以降の1990年代前半に行うべきだった」「(今回の特別軍事作戦は)本来あるべきだった国境線の修正をしているだけだ」というプーチン大統領の主張を鵜呑みにした、一方的にロシアを擁護する言説だ。

だが、帝国主義の時代が終わり戦後70年以上もたってから、今さら軍事侵攻による国境の修正なんて妄言だろう。

フランス人は反米意識が強いが、トッドは反米がこじれて親ロになってしまっている。

一方、日本の自称保守派の一部も、米国がウクライナに軍事的支援をして、NATO(北大西洋条約機構)参加に傾かせたことで「ロシアに脅威を与えた」と主張。追いつめるだけ追いつめてロシアに軍事侵攻に踏み切らせたのだから「米国も悪い」という〝どっちもどっち論〟を展開しているが、この陰謀論も反米親ロで、むしろプーチンに肩入れしたい欲望が透けて見える。

イラク戦争で、米国も国際法違反の侵略をしたじゃないかという指摘は正しいが、だからロシアも、国際法違反をしていいという居直りは子供じみている。

ウクライナ戦争が、核を持つ大国ロシアの「国際法無視」の侵略であることは揺るがない。核なき弱小国にとっては国際法以外に身を守る武器はない。

国際法を無視するなら、哲学者ホッブズの言う自然状態に世界が戻るだけで、保守なら秩序を守る慣習法(国際法)を侮るのは劣化である。

リヴァイアサン(海中の聖獣＝国家)同士の闘争が終わる日は来ないが、国際秩序は放置すればいいというニヒリズムなら、何も主張しないほうがいい。

Moscow
Nijni Novgorod
Ekaterin
Edinburgh
Copenhagen
LITHUANIA
Vilna
R U S S I A
Ufa
Belfast
IRELAND
Hull
Kiel
Danzig
Konigsberg
Minsk
Mohilev
Tula
Samara
Dublin
Hamburg
Stettin
Bremen
ENGLAND
Amsterdam
Hanover
Berlin
Warsaw
Orel
LONDON
Rotterdam
GERMANY
POLAND
Kursk
Saratov
Oren
Southampton
Antwerp
Leipzig
Kiev
Kharkov
Volga
Uralsk
Brussels
Prague
Cracow
Lemberg
Cologne
E U R O P E
Channel Is.
Paris
CZECHO-SLOVAKIA
UKRAINE
Brest
Orleans
Munich
Vienna
Rostov
Loire
St. Nazaire
FRANCE
Bern
AUSTRIA
HUNGARY
Odessa
SWITZERLAND
Buda-Pest
La Rochelle
Lyons
Trieste
Astrakhan
Venice
RUMANIA
Galatz
Caspian
Bordeaux
Turin
Genoa
YUGO-SLAVIA
Bukarest
Novorossusk
Toulouse
Belgrad
Danube
Sebastopol
Santander
Black Sea
Petrovsk
Bilbao
Marseilles
BULGARIA
Tiflis
Vigo
Rome
Adriatic Sea
Philippopolis
Varna
Constantinople
Poti
Saragossa
Corsica
ALBANIA
Batoum
Derbent
Madrid
Barcelona
Naples
Brindisi
Salonica
Scutari
Trebizond
AZERBAIJAN REP.
Valencia
Sardinia
GREECE
ARMENIA
Balearic Is.
Aegean Sea
ASIA MINOR
SPAIN
Palermo
Messina
Tabriz
Seville
Mediterranean Sea
Athens
Smyrna
Eregli
Sicily
Aleppo
Tigris
Gibraltar
Algiers
Tunis
Malta
Malta to P. Said 940 m.
MESOPOTAMIA
Oran
TUNIS
Crete
Cyprus
Euphrates
Fez
Cabes
Beirut
Damascus
Bagd
ALGERIA
Tripoli
MOROCCO
Tugurt
Jaffa
Figig
Bengazi
Alexandria
P. Said
Jerusalem
Morocco
El Golea
Ghadames

ゴーマニズム宣言SPECIAL
ウクライナ戦争論2

第3章 ウクライナ、理不尽な防衛

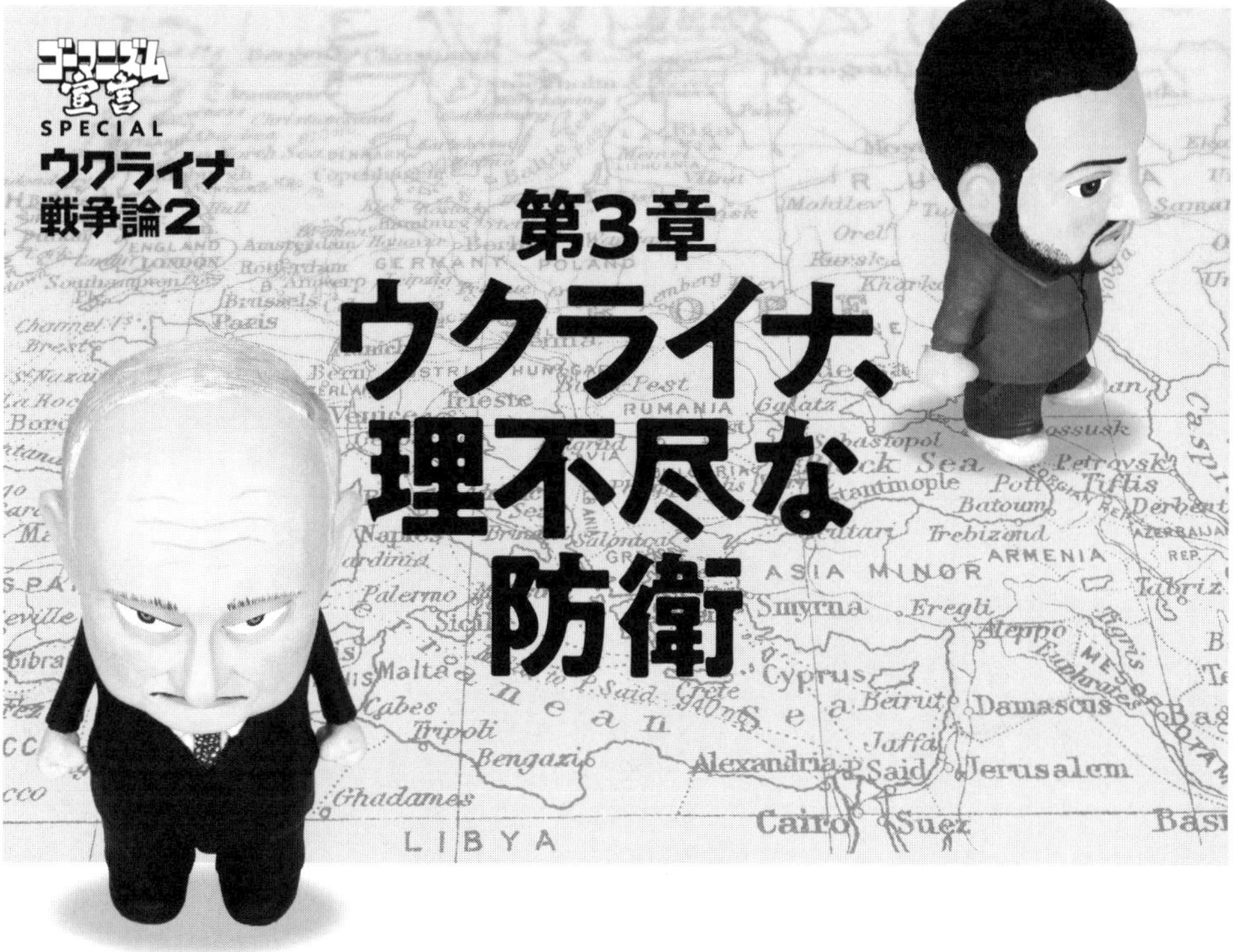

ウクライナで世論調査すると「領土割譲はしない」「徹底抗戦」が82％だそうだ。
ウクライナの複数の調査でもそうなるという。

日本人はそれを信じられないらしい。
誰でも死にたくない。誰でも戦いたくない。誰でも負けている戦争は投げ出したい。
戦後の日本人は祖国防衛の感覚すら失いつつあるのか？

だがわしは思うが、ウクライナには、国際社会の支援がまだ全然足りていない。
そのためにウクライナは、非常に理不尽で悲惨な戦いをせざるを得なくなっている。
ウクライナ

欧米諸国はウクライナに
武器を提供しているが、
ロシア領土まで届くような
武器は渡せないという
制限をかけており、

自国の領土内でしか戦えない
という過酷な条件の下で
ウクライナは戦っている。
これって、あまりに酷くないか？

大義はあくまでも
ウクライナの側にあり、
国際社会から見れば、
これは「国際法」を守る
ための戦いでもある。

それなのに
あまりにも
侵略を仕掛けた
ロシアに有利な
戦いになっている
のだ。

ロシアは絶対に自国の領土を
攻撃されず、国内の民間人が
殺傷されることは決してない。
自国の安全が完全に
保障された上で…

ウクライナの領土内に
侵入して、ウクライナの
民間人を殺しまくり、
レイプしまくり、
破壊しまくっている！

テレビ朝日で、インドのSONYグループの幹部と会った。インドで『おぼっちゃまくん』の新作アニメを制作するプロジェクトが進んでいるからだ。脚本は日本側に丸投げだから、一体どうなってしまうのか？

ウクライナ人はどれだけやりたい放題やられても、絶対にロシア領土内に報復しないという条件を強いられ、ひたすら防衛だけに努めている。
こんな不条理な戦いがあるか？

わしは日本が侵略された場合も、こんな戦いになるのかと想像するとゾッとする。

日本の国防は「専守防衛」で、自衛隊は「盾」はあるが、「矛」がない。
攻撃は米軍に委ねられている。
それならば米軍が日本を守らなければ、日本人もウクライナ人と同じようなハンディキャップ・マッチで戦うしかなくなる。

中国はいくらでも日本に侵攻できるけれども、日本は中国の領土内に、ミサイルの一発も反撃できないなんて事態にならないのだろうか？
ウクライナ
わしにはウクライナが他人事とはとても思えない。

ウクライナ戦争では、核保有している大国に侵略されたら、いくら国際社会に支援を求めても、その侵略国に打撃を与えることは決してできないという、前例が作られようとしているのだ！

ロシア国内は「報道の自由」がないから、自国が侵略してることも、虐殺もレイプも、フェイク・ニュースに騙されて、国民は真実を知らない。

ロシア人に厭戦気分が起きない限り、プーチンは自分の誇大妄想を捨てられず、戦争は終わらない。

モスクワにミサイルが飛んでこない限り、戦争をやっている当事者意識をロシア国民が持つわけがなく、世論が反発・反プーチンに変わるなんてことは全く期待できない。

ドドオオーン
ドゴオ

ウクライナ戦争にしろ、コロナにしろ、統一協会にしろ、そして皇統問題にしろ、知識人、文化人、論壇誌、その他が言うことはみーんな的はずれ！ 代わりに全ての的を射てやろう ブログマガジン「小林よしのりライジング」！ 的はずれ言論なんか無視してこれを読もう！ メディアの発言者どももみんな読め！！

ベトナム戦争の頃のアメリカの方がまだマシだった。

曲がりなりにも報道・表現の自由があり、それによって「反戦」の世論が盛り上がったのだから。

STOP THE WAR NOW

ロシアという露骨な侵略と虐殺を行う無法国家を相手にしているのに、現状では欧米諸国の支援が全然足りないではないか！

そういう思いから、わしは2022年8月6日の「オドレら正気か？横浜LIVE」でこんな提言をした。

ウクライナ人、健気だなあと思っちゃうんですね、わしは。

本当に気の毒だなと。

こんな理不尽な戦いを強いられなければ、いけないのか⁉あまりにも無惨だよ。

ロシア兵が侵攻してきて、虐殺していく状態って本当に凄い。

戦時国際法を全部踏みにじってますよ。

なんだこれは山賊か？ってやり方ですよ。

戦争のやり方そのものに国際法違反がぎっちり詰まっていて、ブチャ虐殺など残忍極まりない。

そういうこと、分かってるのかね、西側の諸国は？

だから、わしは西側の支援が足らないと思っています。

もはや米軍を派遣するしかないと思う。

ただし、「絶対にロシアの領土には踏み込まない」と宣言して、支援軍を送る！

『コロナ論』の第6巻を総括篇として制作するかもしれない。

我々はロシア領土には
一歩も侵入しない！
ミサイルの一発も
打たない！
ただ「国際法」を
守るために
ウクライナを
支援する！
そう大義を
掲げて、
軍事的支援を
すればいいの
ではないか⁉

かつて日本軍が万里の長城も
越えて進攻したとき、
イギリス・アメリカ・ソ連が
蒋介石政権を軍事援助する
「援蒋ルート」によって物資を
送っていたが、
実は秘かに
フライング・タイガース
という航空隊を
アメリカ人は組織して、
日本軍と戦っていた。
これと同じ方法で
ウクライナを
支援すればいい
じゃないか。

もしもウクライナが敗れて、
領土を失ったり、
あるいは最悪の場合、
国家が消滅したりする
ような結果になれば、
それは国際法秩序の
完全崩壊を意味する。

統一協会は解散命令を出し、宗教法人格を剥奪すること！そして公安の監視対象にすること！
「反日カルト」を権力に接触させるのは絶対にダメ！

その時は「帝国主義の復活」だ！
軍事力だけが意味を持つ世界になり、日本を含め、欧米などの「民主主義国家」は途方もない害を被ることになるだろう。

それだけ重要な戦いを、ウクライナ人だけに丸投げして、戦ってもらって済ませておいていいわけがない。

本当なら米軍がウクライナの地に降りて、戦争に参加しなければならないのだ。
※「ブーツ・オン・ザ・グラウンド」だ！

※イラク戦争後の治安維持に際し、アメリカ政府が日本政府にイラクへの「地上部隊の派遣」を求めて用いた言葉

ごーまんかましてよかですか？

絶対にロシアの領土を攻撃しない！

そう宣言して、ウクライナの自衛を直接助ける！

それは全面戦争を避けて、「国際法」を守る、良心的な作戦ではないか!?

闘論席

プーチンは戦時国際法を知らない？野蛮なギャング集団による国家テロ

『週刊エコノミスト』2022年5月17日号より

[写真 Salma Bashir Motiwala / Shutterstock]

ロシアは戦時国際法を守る気がまったくない。

本来、戦争は軍隊と軍隊の戦闘行為であり、単なる殺人ではない。戦争にもルールがある。軍服を着ていない民間人を標的として殺傷する行為は、戦争のルール上は認められていない。これは戦時国際法違反の戦争犯罪である。そんな基本的なこともロシア兵は知らないようだ。

ロシア兵は明らかに戦時国際法の教育を受けていない。ロシア軍は市民の住むマンションや、市民の避難先や駅を平然と狙ってミサイルを撃ち込み、市街地では子供を含め動くものは片っ端から狙撃し、女性を陵辱し、虐殺した遺体を隠す処理をし、さらに市民の強制連行も行っている。そして、市民の財産を略奪して宅配便で送ったり、ネットオークションで売り捌いたりしているという。

軍隊は戦場では国際法を守らなければならず、自国の兵隊がこれを犯したら、軍事法廷（軍法会議）で裁かれなければならない。だが、プーチン大統領自身が戦時国際法を知らないのではないかと疑いたくなる。

ロシア軍は山賊かギャング集団のような野蛮さであり、普通の国ならこのような犯罪行為は国家の恥であろう。ここまで戦時国際法を根底から無視した無法な戦争は、もはや「戦争」とも呼べない。「国家テロ」とでも呼ぶべきだ。

このような無法行為を続けるというなら、米国もＮＡＴＯ（北大西洋条約機構）も、もっと軍事的介入を強めてもいいのではないか。核戦争を恐れて、ウクライナで起きている虐殺と殲滅を見逃すのは、人道に対する罪である。

戦争は外交の延長にある手段であり、平和は暴力装置で生み出す秩序ある状態に過ぎない。このままでは、ロシアの蛮行によって命を落としたおびただしいウクライナ人の死屍の上に、自由なき秩序が生まれるだけである。

RUSSIA
Minsk Mohilev Tula Samara
ENGLAND Bremen
Dublin Amsterdam Hanover Berlin Warsaw Orel
LONDON Rotterdam GERMANY POLAND Kursk Saratov Volga Oren
Southampton Dover Antwerp Leipzig
Brussels Cologne Prague Cracow Lemberg Kiev Kharkov Ural
Channel Is. Paris EUROPE
Brest Orleans Munich CZECHO SLOVAKIA Vienna UKRAINE
Loire Rostov
St. Nazaire FRANCE Bern AUSTRIA HUNGARY Odessa
La Rochelle Lyons SWITZERLAND Buda-Pest Astrakhan
Trieste
Bordeaux Venice RUMANIA Galatz Caspian
Turin Genoa YUGO Bukarest
Toulouse Belgrad Danube Sebastopol Novorossusk
Santander SLAVIA
Bilbao Marseilles BULGARIA Black Sea Petrovsk
Vigo Corsica Rome Adriatic ALBANIA Philippopolis Varna Poti Tiflis
Saragossa Sea Constantinople
Madrid Barcelona Naples Brindisi Salonica Batoum Derbent
Scutari Trebizond AZERBAIJAN
Valencia Sardinia GREECE ARMENIA REP.
SPAIN Balearic Is. Aegean ASIA MINOR
Palermo Messina Sea Tabriz
Seville Mediterranean Sea Athens Smyrna Eregli
Sicily Aleppo Tigris
Gibraltar Algiers Tunis MESOPOTAMIA
Oran TUNIS Malta Malta to P. Said 940 m. Crete Cyprus Euphrates
Fez Gabes Beirut Damascus Bagdad
ALGERIA Tripoli
MOROCCO Jaffa
Figig Tugurt Bengazi Alexandria P. Said Jerusalem
Morocco El Golea
Ghadames

ゴーマニズム宣言SPECIAL
ウクライナ戦争論2

第4章
安倍銃撃と統一協会

安倍晋三元首相を殺害した山上徹也容疑者は、ツイッターに「安倍政権の功を認められないのは致命的歪み」と書き込み、野党を冷笑していた「ネトウヨ」だった。
自民党が完全無欠とは全く思わないが #自民党に殺される なんて言ってる連中の傲慢さ、不誠実、真摯さの欠如を見ると野党に投票する気が本当に失せる。奴等が本当に破壊したいのは自民党ではなく自民党を支持した国民だという事を嫌でも思い出さざるを得ない。
午後6:56 · 2020年11月15日

そんな人物が安倍氏を銃撃せねばならないほど、旧統一協会への憎しみは強かったのだ。

統一協会は「家族」を崩壊させる！
献金強要による家族崩壊教団、それが統一協会である。

わしは30年前、統一協会に洗脳された叔母の奪還計画に関わったが、この30年間、公安警察が統一協会を監視しているとずっと思っていた。まさか公安の監視対象から外れていたとは！

ネトウヨ（言論人も含む）は、この銃撃事件は「過度な安倍批判をするアベガー（サヨク）のせい」と一斉に吠えていたが、完全に間違っていた。
間違い方がハンパなかったのに、彼らは恬として恥じない。「恥知らず」なのだ！
百田尚樹 @hyaku... · 2022/07/08
この10年、テレビは「反安倍こそ正義である」という狂った論調を繰り返してきた。
これは恐ろしい洗脳であり、扇動である。
今回の事件の犯人がもし単独犯のキ●●イとしたら、彼はまさにテレビによって使嗾(しそう)されたと言える。
テレビ局員たちよ、君たちの心にその反省はあるのか！
堀江貴文 (Taka... · 2022/07/08
反省すべきはネット上に無数にいたアベカー達だよな。そいつらに犯人は洗脳されてたようなもんだ。
NHKニュ... · 2022/07/0
安倍元首相銃撃 41歳容疑者"
【速報中】
なにかにつけ「安倍がー」と安倍の批判をする者をネトウヨ用語で、「アベガー」と言うらしい。

山上容疑者は安倍氏が統一協会のシンパだと認識しており、広告塔になっている安倍氏を襲撃すれば効果が高いと直感的に把握して実行した。
統一協会

そしてその目論見は成功し、なんと30年ぶりに統一協会の話題が注目を浴びた。
合同結婚式の2世の問題まで発生していた。

まさに30年前、わしの叔母が統一協会に洗脳され、家族や親戚からカネを巻き上げて献金じまくっていた。
霊感商人
わしは叔母の奪還作戦に関わったが失敗し、叔母の家族は一家離散、悲惨な結末となった。

統一協会は「日本は朝鮮半島を植民地化したサタンの国 したがって日本人は韓国にガンガン献金しなければならない」という「自虐史観」教義で、日本人からだけカネを巻き上げ、家族を崩壊させている「反日カルト団体」である。

そもそも統一協会はオウム真理教と同様のカルトであり、反社会的集団である。
しお
それが堂々と議員会館の中を闊歩し、議員の秘書として潜入し、国会議員と協力し合って選挙運動を行い、首相までがカルト集団にビデオレターを送っていた。
世界思想
日本の政治家はカルトに汚染されている。特に自民党！特に清和会！
韓鶴子総裁に敬意を表する。

オウム真理教の分派・アレフなどに政治家が祝意のスピーチを送ったら、大事件になるだろう。
敬意を表する。
政治家はカルト集団に市民権を与えてはならないのだ！

しかも統一協会においては「朝鮮はキリストが降り立った神の国。日本は朝鮮を植民地にして財産を奪い、神の物を盗った悪魔の国」であり、
その贖罪のために、日本人だけは朝鮮に無制限に献金しなければならないということになっている。
日本人の「自虐史観」を利用した金集めなのだ！

「反日カルト団体」を利用していたのが安倍元首相であり、安倍政権は統一協会の名称変更で「正体隠し」に協力し、なんと国家権力の中枢にまで招き入れていたのである。

奇妙なものだ。「自虐史観」で献金させる統一協会を、自民党が重宝して利用し、安倍氏が、その広告塔となり、そんな安倍氏をネトウヨが「マンセー」していた！

世界思想
Sekai Shiso
歴代内閣を格付けする
北朝鮮の「非核化宣言」は本物か

UPFの平和ビジョンにおいて、家族の価値を強調する点を高く評価します。

マンセー

安倍マンセー

これじゃネトウヨの山上容疑者も困惑しただろう。

オレの評価する安倍元首相は統一協会シンパなのだっ。

統一協会はオレの家族を崩壊させ、オレの人生を破壊したっ！

これこそが、まさに「致命的な歪み」ではないか！

死んだら誰でも仏様だから手厳しい批判はいけないなどという俗情は、「権威主義」につながるから、わしは無視する。

ゴーマニズム宣言 小林よしのり 権威よ死ね!!

わしは「権威主義」を警戒する個人主義者である。

三浦瑠麗は安倍シンパだから、犯人の目的通りに統一協会を批判するマスコミにいらだっている。テロ犯の言い分を聞くことは倫理的ではないらしい。

バカバカしい！政治とカルトが蜜月状態の方がはるかに非倫理的である!!

世界思想 Sekai Shiso 「自共対決」の時代へ

世界思想 Sekai Shiso 歴代内閣を格付けする 北朝鮮の「非核化宣言」は本物か

こんなことを言う奴がいるから、マスコミは忽ち沈静化して、ほとぼりが冷めたら、またすぐにカルトと政治家が密着し、日本人の家族が崩壊させられていくのだ。

創刊10周年、ブログマガジン「小林よしのりライジング」!でも10周年を回顧しているヒマなどなし!日本に保守などいなかった!保守論壇は統一協会の手先だった!もはや日本で唯一の本物の保守思想メディア・小林よしのりライジングは、反日カルトに占領された日本を立て直すために戦い続けます!

権力者の悪しきふるまいを見て見ぬふりする。それはニセの権威を守る「権威主義」である!!

「安倍マンセー」はまだカワイイ権威主義だが、

安倍マンセー

プーチンや中国共産党や金正恩を無条件に支持させる体制の国を、権威主義国家という。

権威主義はダメだ!

権力者にマンセーするのはダメだ!

権力者を批判しないのはダメだ!

権威主義国に自由な言論はない。政権に異議を唱える者は抹殺されるのみだ。

日本が権威主義国にならない保証はない。

権力者にマンセーする奴が圧倒的多数になれば、日本も権威主義国になるだろう。

そして問答無用の権威主義とは対極に、国民の自由な議論によって動かされるのが「民主主義」であり、民主主義に基づく体制の国を「民主主義国」という。
ロシア
ベラルーシ
ウクライナ
ウクライナ戦争は、「権威主義国」対「民主主義国」の戦いでもあるのだ。
そのためロシア・中国と欧米の対立は、「権威主義国」と「民主主義国」の対立とも形容される。
民主主義には、色々問題もあるが、「権威主義」と「民主主義」の二者択一なら、民主主義の方を支持する。
民主主義は、
戦争と独裁者がお好
小林よしのり
民主主義には、「情報公開」「説明責任」が欠かせない。
その上で、自由な議論が行われることが、民主主義の基本である。
情報が隠蔽され、自由な議論ができない体制だけは、わしは絶対に支持できない。

男系固執カルトの論客は、「反天皇」の統一協会系の会合に頻繁に出ていた。八木秀次は特に何度も。ズブズブの関係だ。もう一度言うが、統一協会は天皇を侮辱する「反日カルト団体」である。

安倍マンセー派は安倍政権下がよほど満足だったらしいがわしはそうじゃない。

「村山談話」（侵略史観）を踏襲、**「河野談話」**（慰安婦強制連行）も踏襲、**「東京裁判」**に異議を唱える立場にないと安倍は言った。

歴史認識について「ベタ降り」して、戦後レジームからの脱却から逃げたままだった。

安倍マンセー派はむしろ喜んだらしいが、米議会で集団的自衛権の行使を約束して、日本での議論を開始した。
ますます米国のポチになる戦後レジームのどまん中じゃないか！とわしは思った。

アジアに対しては、侵略者、米国に対しては従順なポチ、それが「戦後レジーム」だ！
安倍政権では「公文書の改ざん」をやって、一人の公務員を自殺に追いやった。
これは民主主義の危機である。

安倍マンセー派はもう政策など見ていなくて「安倍オール・ラヴ」と言っているだけだ。
これはロシアの「プーチン・ラヴ」にとてもよく似ている。
権威主義とは権力者に恋することである！
政策など問わないことである！

女性天皇の御陵と、安倍銃撃事件の現場の関係。出典・国土地理院ウェブサイト。地図・空中写真閲覧サービスをもとに、ゲロ坊（読者）作成。

北方領土問題では、「ウラジーミル・シンゾー」の関係と言って、返還を実現できるかのように国民を錯覚させて、実際には四島返還を諦めて、二島返還に持っていかれる寸前だった。
択捉島
国後島
色丹島
歯舞群島
北海道

言っておくが日本には本物の「権威」がある。
天皇である！
首相には「権力」があっても「権威」はない。
「権威」と「権力」の分立。それが日本の知恵であり、伝統である。

だが、「生前退位」にしろ、「愛子天皇」にしろ、天皇の願いを妨害しているのは安倍である。
男
男
男
男
男系は無理と分かっているくせに自分の政権の延命のために男系に固執し続けた。

ごーまんかましてよかですか？
はたして安倍元首相は、真の権威・天皇に対する敬意があったたか？
「臣晋三」だったたか？
吉田茂は自らを「臣茂」と称した。

ここに興味深い地図を紹介しよう。
なにゆえ安倍氏はこの地に招かれたのだろうか？
神功皇后の陵
元正天皇の陵
元明天皇の陵
孝謙／称徳天皇の陵
銃撃現場
大極殿
（元明天皇が就かれた玉座がある場所）
平城京跡地
推古天皇社
薬師寺
（天武天皇が皇女（後の持統天皇）の病気平癒を祈って建立を発願）

闘論席

安倍元総理銃撃事件で炙り出された自称保守派と統一協会の歪んだ関係

『週刊エコノミスト』2022年8月16日号より

【写真　産経新聞社】

安倍晋三元総理を殺害した山上徹也容疑者は、ツイッターに「安倍政権の功を認識できないのは致命的な歪み」と書き込むなど、野党を冷笑していたネトウヨだった。そんな人物が安倍氏を銃撃せねばならないほど、統一協会（世界平和統一家庭連合）に対する憎しみは強かったのだ。

山上容疑者は、安倍氏が統一協会のシンパであると認識し、直感的に「広告塔」の安倍氏を襲撃すれば高い効果が得られると計算して実行したと見られる。その目論見は成功し、30年ぶりに統一協会の話題が注目を浴びた。

まさに30年前、わしの叔母が統一協会に洗脳され、家族や親戚からカネを巻き上げて献金していた。わしは叔母の奪還作戦に関わったが失敗し、叔母の家族は一家離散、悲惨な結末となった。

いくら統一協会が憎くても、安倍氏を狙うのは飛躍があるなどと言う者がいるが、被害の実態を目の当たりにしているわしには、被害者が人生を破壊された恨みを晴らしたいという衝動に突き動かされることは十分理解できる。

そもそもわしは、統一協会はオウム真理教と同様のカルトで、反社会的集団なのだと思う。

しかも統一協会においては、朝鮮は「キリストが降り立った神の国」とされ、一方の日本は「朝鮮を植民地にして財産を奪い、神の物を盗ったサタンの国」であり、その罪滅ぼしのために、日本人だけは朝鮮に無制限に献金しなければならないという教義になっている。

これは、安倍氏が首相時代に脱却すべきとしていた「自虐史観」そのものだ。奇妙なものだ。自虐史観で献金させる統一協会を、自民党が重宝して利用し、安倍氏がその広告塔となり、そんな安倍氏をネトウヨが賛美している……。

これこそが、まさに「致命的な歪み」だと言っていいだろう。

Moscow Nizhni Novgorod
R U S S I A
Belfast Hull
Minsk Mohilev Tula Samara
Dublin Bremen Hamburg Stettin
Orel
ENGLAND Amsterdam Hanover Berlin Warsaw
LONDON Rotterdam GERMANY POLAND Kursk Saratov
Southampton Antwerp Leipzig Prague Cracow Lemberg Kiev Kharkov Volga Ural
Brussels Cologne
Channel Is. Paris
E U R O P E
CZECHO
SLOVAKIA UKRAINE
Brest Orleans Munich Vienna Rostov
Loire
St. Nazaire FRANCE Bern AUSTRIA HUNGARY Odessa
SWITZERLAND Buda-Pest
La Rochelle Lyons Trieste Astrakhan
RUMANIA Galatz
Bordeaux Venice
Turin Genoa YUGO Bukarest Novorossusk
Toulouse Belgrad Danube Sebastopol
SLAVIA
Santander
BULGARIA Black Sea Petrovsk
Vigo Bilbao Marseilles
Philippopolis Varna Constantinople Poti Tiflis
Saragossa Corsica Rome Adriatic
Sea Batoum Derbent
Madrid Barcelona Naples Brindisi Salonica Scutari Trebizond
GEORGIAN REP. AZERBAIJAN REP.
Valencia Sardinia GREECE
ARMENIA
SPAIN Balearic Is. Aegean Sea ASIA MINOR
Palermo Messina Tabriz
Seville M e d i t e r r a n e a n S e a
Athens Smyrna Eregli
Sicily
Aleppo
Gibraltar Algiers Tunis Malta Tigris
Oran TUNIS Malta to P. Said 940m Cyprus Euphrates MESOPOTAMIA
Fez Cabes Crete Beirut Damascus
ALGERIA
MOROCCO Tripoli Jaffa Bag
Figig Tugurt Bengazi
Alexandria P. Said Jerusalem
Morocco El Golea Ghadames

ゴーマニズム宣言SPECIAL
ウクライナ戦争論2

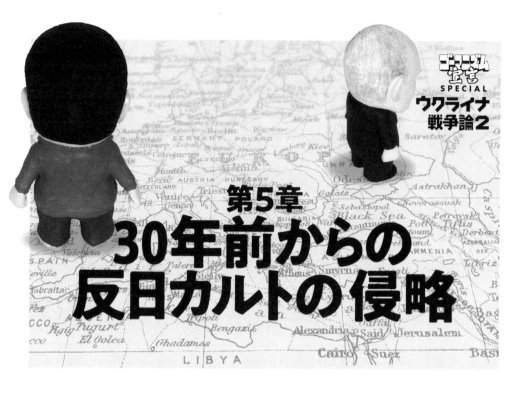

第5章
30年前からの反日カルトの侵略

あのな〜〜〜っ
飯星景子とか
山崎浩子とかな〜〜〜
TVで
「私も統一協会から
脱会しました」って
出てるやつは
あんなのは ほんとに
ラッキーなやつらなんだぞ

脱会できたやつらは
みんな若くて頭も良くて
将来があって
説得工作が
できる
情も
気力もある
家族に
恵まれて
いたから
幸運にも
マインド・コントロールが解けて
正気に戻れたんだ

THE WIDE

本当に
統一原理の
末端で
洗脳されきった
いいトシこいた
人間なんかなー
悲惨の
極致
やぞ!!

元統一協会が名前を変え、自民党を中心に政界に潜入していた。今回は30年前の作品だが、迫真力が凄いので、再録してもらった。知り合いは、実はわしの叔母だ。オウム信者と同じ「純粋まっすぐ君」ゆえに、完全洗脳されてしまった。「サタン側にある金品」とは「日本人の財産」のことだ。

こっちには
知り合いに
統一協会の
ドレイが
いるんだ

人ごとじゃ
ねーんだ
バカヤロー

何が
テッシーだ

勅使河原秀行
を アイドル化
すな!
この〜〜〜

彼女は昔から結構
パワーのある人間でな〜

自分が何かの
役に立ちたい

人に認められる
ような仕事が
したい…

という
ある種
ボランティアな
意欲をいつも
みなぎらせて…

しかし
自分の力を
賭けていく対象が
見つからずに
あせっているよう
な…

…そんな女だった

現実を認めきって
他人のことなんか
どーでもいいと
いうような
エゴイストじゃ
なかったし…

日常に
埋没して
世の中に
目も向けない
無気力な
人間でも
なかった

純粋な向上心を
40過ぎても持ち続けられる
パワーのある人間だった

それが8年前、福岡から
一家で上京して来て
統一原理にはまって以来
霊感商人(あきんど)
と化してしまったのだ

夫の給料は
霊感つぼに!
840万円
娘の
ボーナスは
霊感着物
に!
知人には
印鑑を!
40万円
160万円
1800万円
8万円
80万円
高麗人参茶
親戚には
朝鮮人参茶
を!
なんせ「万物復帰」というやつを
教えこまれ サタン側にある金品を
神側に取り戻さねばならない、と
思ってるから罪悪感がない

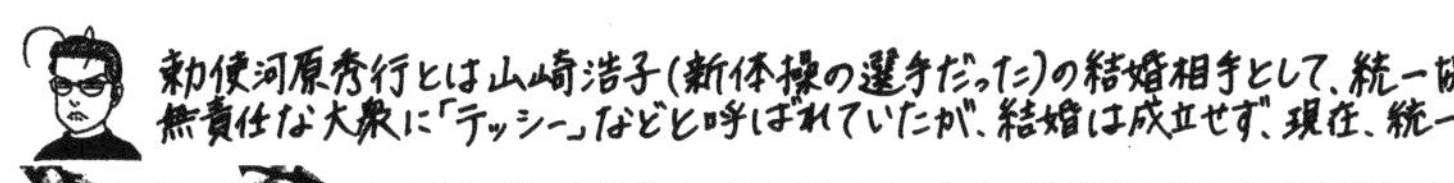
勅使河原秀行とは山崎浩子（新体操の選手だった）の結婚相手として、統一協会が選んだ相手だ。
無責任な大衆に「テッシー」などと呼ばれていたが、結婚は成立せず、現在、統一協会の人事部長だという。

霊感商人は霊感ボランティアでもある！
朝もはよから近所の草むしり駅の便所の掃除して老人宅に出かけて奉仕して…
老人を入信させて財産を献金させる！

夫も4人の子供もほっぽり出して、正月から毎日出かけていって帰宅するのは夜の9時
家庭大崩壊!!

夫の言葉にも親戚の説得にも娘の涙にも動かず
逆にこっちを入信させよう金とろうと画策してくるばかり

ついに夫から離婚届つきつけられても破りすてて…

あたしも苦しいけど一緒にがんばりましょう夫婦の絆は絶対なのよ！

…とわけのわからんセリフに酔いしれている始末…！

そりゃ離婚は　できんのだ
統一協会がそう教えている
やつらにとっては夫は重要な金づる！
むしり取れるだけ取らねばならぬ
入信させて土地建物を売らせて
献金させねばならんのだ！

教会か協会か？最初は彼ら自身が「統一協会」と自称していた。被害者側は「協会」と呼ぶことが多い。彼らの教義では、自由恋愛は禁止、離婚は禁止、サタンがとり憑いて、地獄に落ちる。

こんなありさまが
8年も続けば さすがに
夫の愛もすっかり
冷えきって もはや
ひとかけらの情も残っていない…

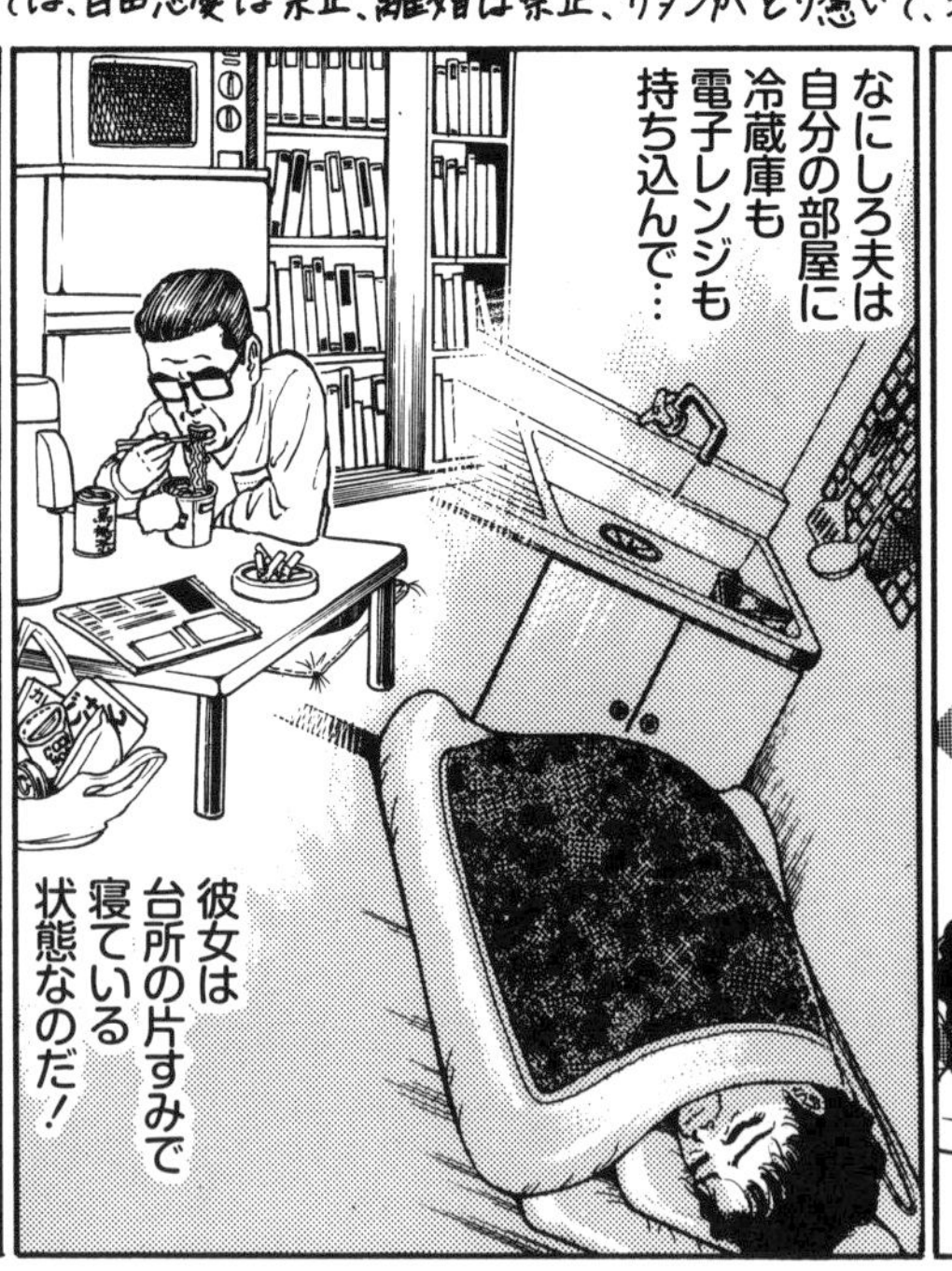

なにしろ夫は
自分の部屋に
冷蔵庫も
電子レンジも
持ち込んで…
彼女は
台所の片すみで
寝ている
状態なのだ！

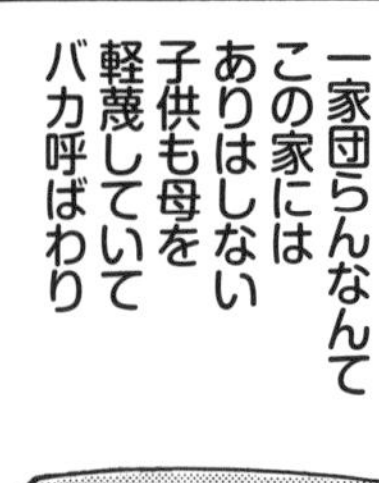

一家団らんなんて
この家には
ありはしない
子供も母を
軽蔑していて
バカ呼ばわり

誰かれかまわず
電話でモノ売ろ
うとするので
電話代もバカに
ならずダイヤルに
カギがついている

この8年間、服の一着も
買ってもらったことがない
むろん何を
買ってやっても
それは現金になって協会へ
行っちまうからだ
質

ついにある日 彼女は
里に頼みこんだ
協会を
やめるから
5百万円
ちょうだい
！
母親が
やめてくれるなら…
と、お金出すと…

実は借金して
朝鮮人参茶を60箱
480万円も買いこんでて
その返済にあてるため
だったのだ！
そして平然と
原理活動続行！

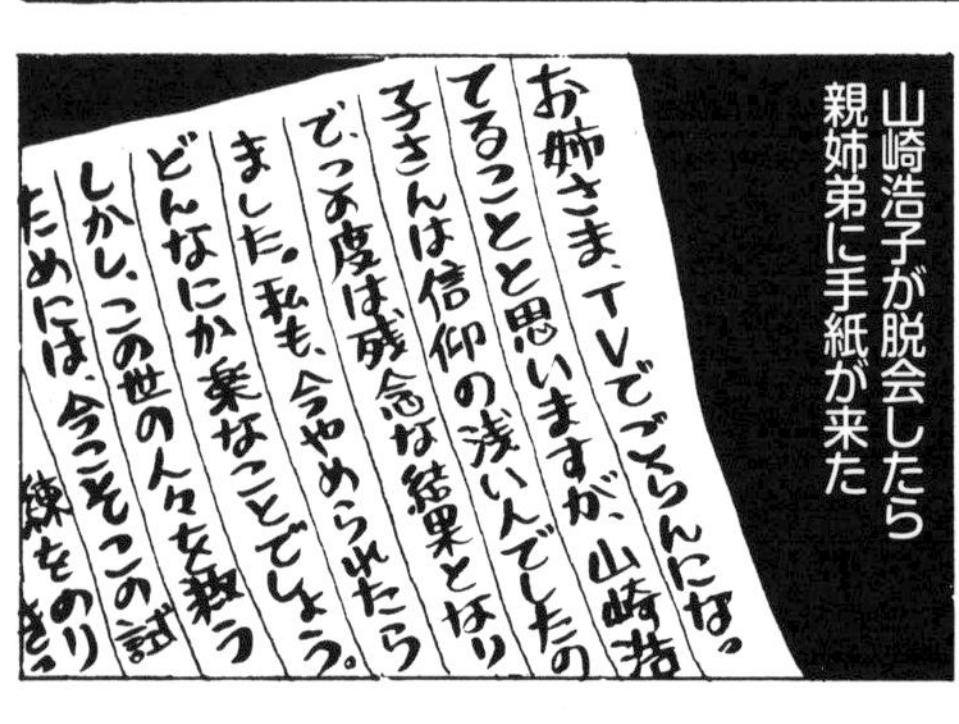

山崎浩子が脱会したら
親姉弟に手紙が来た
お姉さま、TVでごらんになっ
てることと思いますが、山崎浩
子さんは信仰の浅い人でしたの
で、今度は残念な結果となり
ました。私も、今やめられたら
どんなにか楽なことでしょう。
しかし、この世の人々を救う
ためには、今こそこの試
練をのりき

わしの父が叔母の奪還作戦を実行したが、叔母は福岡のわしの両親宅から抜け出して、アベルに電話、逃走して協会へ戻った。

少しはこたえてるのかと
親戚筋が　わざわざ上京して
訪ねてみた
小さく身を
丸めて
草むしり
してる
彼女が
気づいて
立ち上がると
……
あれほど美人だった
彼女が……
なんの
飾り気も
なく
ボロ服
まとって…
栄養状態の悪い
顔色、肌の荒れを
無防備にさらしながら…

こちらを見て
おどろいている…
殉教者のつもりの
彼女が…
この世の不幸を
一身に背負って
祈り続けている
つもりの女が…
嬉しそうな…
なのにおびえるような
哀しい目をして…
つっ立っているのだ…！

彼女は突然のことに
動揺して電話をかけに行く
「アベル」という
信者を
指導する
協会員に
連絡をとりに
行ったのだ
自分では何も考えられないし
「自分で考えるとサタンが
入り込むから何も考えない
ように」と教えこまれている
のだからしょーがない
むろんこの日の説得も失敗だ
1日・2日
追いつめたって
結局
協会で
再教育
されちまうん
だから
意味はない

マスコミが関心を失って30年の間に、統一協会は政界、特に自民党内に潜入し、安倍元首相から動画スピーチを取得して「広告塔」に使い、数々の議員の選挙ボランティアを手伝い、政治家と結びつくことで、「市民権」を得てしまった。

この彼女を山崎浩子の様にどこかに保護して説得すればいいのか？
しかし母親はもう80すぎ老いすぎて感情的になったらポックリいっちまう
彼女の姉だってもう聖書を勉強しながら説得つづけられるほど気力が充実してない
情の通いそうな親類はもうみんな老いているのだ！

統一協会には今、4000億とも1兆ともいわれる借金があるらしい
今後やつらの集金活動はもっとハードなものになって信者はいっそう過酷なノルマを課せられるだろう…

そしてあと2年後彼女は夫や子供から捨てられる
定年退職とともに夫が彼女を残して去っていくつもりなのだ

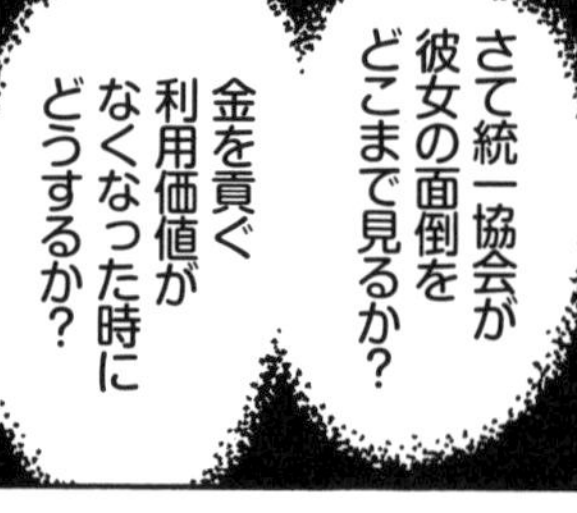
さて統一協会が彼女の面倒をどこまで見るか？
金を貢ぐ利用価値がなくなった時にどうするか？

捨てる！

まちがいなく放り捨てる！

信者の人生を台なしにして
その家族もむちゃくちゃにして
『宗教』を洗脳の道具に使って
集金奴隷を作り上げる統一協会！
人参茶

カルト集団が名前を変えて(これも自民党大臣の口利きらしい)、市民権を得ていた。統一協会は日本の家族を崩壊させるカルトで、穏やかな宗教ではない。「自虐史観」で日本人から金品を献金させるカルト集団だ。

広告塔に使われた
山崎浩子や
桜田淳子や
バトミン子……
テッシーなどと
愛称で呼ばれだした
勅使河原秀行の
影には…

きっちり地獄で
のたうって金集め
している末端の信者
たちがいるのだ!!

しかも協会上層部や
文鮮明は…
これがまたきっちり
日本の政治家の誰かと
つながってたりするのだから
全くこの世は

サタン天国

えらそーに
信教の自由を唱えて
宗教に寛容な
態度を見せる
学者・文化人
ども…

てめーらの
住所を
教えろ!
ただちに
彼女を
派遣
するぞ!
つぼと多宝塔
持たせてな!

わしは統一原理と
勝共連合の関わりも
知っているし
宗教と
いうものが
もともと常識を
超えた観念の
信じ込みで
成り立つことも
わかっている
知識人ぶって
俯瞰して見ようと思えば
宗教について一席
えらそーにぶつことも
できる

しかしな〜〜
現場を見ている
わしには
知ったかぶりは
通用せんぜ!
こんな
せからしかもん
読んでるん
だからな、今…

今、騒いでいたって、マスコミは飽きる、大衆も飽きる、政治家はカルト集団を票田として利用する。堕落の極致の中でカルトが生き残って、日本人の家族が崩壊し、不幸になる人々が増えていく。これが安倍元首相の襲撃に繋がった。

わしは好かん！
とことんこの宗教が好かん！

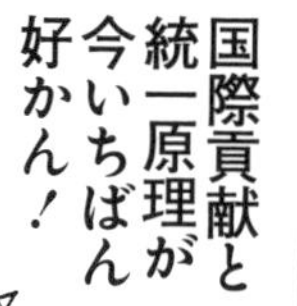
国際貢献と統一原理が今いちばん好かん！

ワイドショーはガンガンやつらの手口をバラしてくれ！
有田芳生がんばれよ！
プロテスタントの牧師たちもがんばれ！
これが統一教会の集金術だ！

国はなんで宗教法人からちゃんと税金をとらんのだ？
ビシッととれ！

霊感商法は即・タイホだ！

ごーまんかましてよかですか？

信教の自由に制限をつけろ！
でないといずれこのわしが社会常識にてってー的に抵触する宗教を作り出すぞ!!
性書

闘論席

「お花畑国家」・日本はいつの間にか反日カルトに国家権力が蝕まれていた

『週刊エコノミスト』2022年9月13日号より

努力されてきた韓鶴子総裁をはじめ
皆様に敬意を表します

［写真 Peacelink TV］

安倍晋三元総理を銃撃した山上徹也容疑者が、犯行の動機として統一協会（世界平和統一家庭連合）と安倍氏の結びつきを挙げたことについて、「テロリストの言い分を聞いてはいけない」との声をよく耳にする。それが「優等生」の意見らしい。

学歴秀才は赤信号で必ず止まるのかもしれないが、わしはクルマが来てなきゃ渡ってしまうし、決まり事を「統一原理」にすることはない。

どんな正論も時・処・位で解釈するし、テロリストの言葉でも真理を突いている場合はある。

しかも、テロリストの言い分を聞くな、報道するなという意見は「安倍マンセー」派から発せられることが多く、多分に恣意的な感情が混じっている。

あるいはまた、こんな言説も一部では流行っている。

「統一協会を批判する報道はヒステリックになりすぎている。これでは魔女狩りじゃないか」

これも一見、正論のように聞こえるが、30年ぶりに反社会的カルトの動向を見たら、なんと国家権力の中枢にまで侵食してしまっていたのだから、報道が過熱するのは日本の安全保障を考えるうえでも意義のあることだ。そもそも公安警察が、統一協会をわざわざ監視対象から外していたことが衝撃だった。

過去に「神の国」・韓国を植民地支配していた「サタンの国」・日本は、その罪の償いのため韓国に未来永劫、無限に献金すべきなどという「自虐史観」を利用して日本人からカネを巻き上げ、家庭を崩壊させる「反日カルト団体」に、国家権力が蝕まれていた。

この事実こそ、さすが日本、お花畑の平和ボケの国だ。

今回の事件で愉快なのは、自称保守派やネトウヨが、実は保守でも何でもなかったと白日の下に晒されたことである。

RUSSIA
Moscow
Minsk
Mohilev
Tula
Samara
Orel
ENGLAND
LONDON
Amsterdam
Berlin
Warsaw
Southampton
Rotterdam
GERMANY
POLAND
Kursk
Saratov
Volga
Antwerp
Prague
Lemberg
Kiev
Kharkov
Uralsk
Brussels
Cologne
EUROPE
Paris
CZECHO
SLOVAKIA
UKRAINE
Orleans
Munich
Vienna
Rostov
Loire
Nazaire
FRANCE
Bern
AUSTRIA
HUNGARY
Odessa
Buda-Pest
La Rochelle
SWITZERLAND
Astrakhan
Lyons
Trieste
Bordeaux
Venice
RUMANIA
Galatz
Turin
Genoa
Bukarest
Novorossusk
Toulouse
Belgrad
YUGO
SLAVIA
Danube
Sebastopol
Bilbao
Marseilles
BULGARIA
Black Sea
Petrovsk
Rome
Adriatic
Sea
Philippopolis
Varna
Constantinople
Poti
Tiflis
Aragossa
Corsica
ALBANIA
Batoum
Derbent
Madrid
Barcelona
Naples
Brindisi
Salonica
Scutari
Trebizond
AZERBAIJAN
Valencia
Sardinia
GREECE
ARMENIA
REP.
SPAIN
Balearic Is.
Aegean
Sea
ASIA MINOR
Seville
Mediterranean Sea
Palermo
Messina
Tabriz
Sicily
Athens
Smyrna
Eregli
Gibraltar
Algiers
Tunis
Aleppo
Tigris
Euphrates
Oran
TUNIS
Malta
Malta to P. Said
Cyprus
Crete
940 m.
Fez
Gabes
Beirut
Damascus
Bagd
ALGERIA
Tripoli
MOROCCO
Figig
Tugurt
Jaffa
Bengazi
Alexandria
P. Said
Jerusalem
Morocco
El Golea
Ghadames

ゴーマニズム宣言 SPECIAL ウクライナ戦争論2

第6章 ステルス侵略されていた日本

武力による侵略は分かりやすい。ロシアのウクライナ侵略のように。
だが実は、侵略は武力だけでは完成しない。

たとえ圧倒的な武力で一国の占領に成功しても、被占領下の人々の心理まで制圧できなければ、抵抗はいつまでも続き、いずれ占領支配は破綻する。
イラク戦争におけるアメリカは、その典型だ。

Я ЗДЕСЬ
だからロシアは、ウクライナで占領した地域では、直ちに「ロシア化政策」を始める。
「ロシア編入」住民投票実施
ウクライナ東部 親ロ派、23〜27日

「国葬儀」なんてやっていたが、そもそも日本に「国葬」は必要ない。日本は権威（天皇）と権力（首相）が分かれている。大統領制なら「権威」と「権力」を両方担うから、国葬をやるのは分かるが、日本国の「権威」は天皇が担っているから、「大喪の礼」だけでいいのだ。

ロシアの傀儡政権をつくり、ロシア化教育を始め、ここはウクライナではなくロシアである、ロシア軍は侵略軍ではなく解放軍だと、住民の洗脳にかかるのだ。
最終的に侵略が成功するか否かは、洗脳が成功するかどうかにかかっている。

侵略するには「武力戦」よりも、「心理戦」の方が重要なのだ。
むしろ「心理戦」さえ制してしまえば、武力を全く使わなくても侵略はできるのである。

そんな「非暴力侵略」が行われていたのが、現在の日本だ。
日本はやすやすと外国勢力の侵略を許してしまっていた。
その侵略者こそ統一協会なのである！

かつてオウム真理教は、ロシアから武器を調達し、国内にサリン・プラントを建設するなど武力で革命を起こそうとした。

首相の国葬儀は莫大な税金を使ったわりには、たった2万超の献花しか集まらなかった。統一協会の動員もかかっているはずなのに。これは1日で10万人集まるコミケの集客数以下だ。これじゃ首相が恥をかくだけだろう。

統一協会は、武力の代わりに、正体を隠して日本人に接近し、マインド・コントロールを駆使し、洗脳した人間を工作員として集金奴隷に改造して、さらに国家権力の中枢の支配を目論んだのだ！

自由民主党

オウムは国内勢力だから「革命」目的だったが、統一協会は韓国発の外国勢力だから、「侵略」だ。

それも武力を伴わない**「ステルス侵略」**なのだ！

統一協会は国家権力をハニートラップ（甘いワナ）で籠絡し、支配する壮大な工作活動を展開していた。

投票箱

統一協会の実数はせいぜい6万人程度で、政治への影響力なんかないと、したり顔で言う、お花畑のエセ保守がいる。

WiLL

Hanada

安倍愛 溢れる

追悼

大特集号3

天皇崩御の際の弔問記帳は233万人。殯宮への拝礼は、国民が約34万人。ケタが違う。国葬なんか要らない。

選挙では、ほんの僅差で勝敗が決まる激戦区がある。そんな当落ギリギリの候補へ効果的に票を差配すれば、6万票で何人かは当選させられる。
投票箱

しかも、さらに強力なのは、マン・パワーだ！

統一協会が工作員として送り込んだ信者は、タダ働きで政治家の選挙活動を猛烈に手伝い始める。

信者がタダ働きできるのは、統一協会が多くの日本人の人生や家庭を崩壊させながら収奪した献金があるからだ！

実は借金して朝鮮人参茶を60箱80万円も買いこんでその返済にあてるためだったのだ！

そして平然と原理活動続行！

教会をやめるから5百万円ちょうだい！

夫の言葉にも親戚の説得にも娘の涙にも動かず

普通の選挙ボランティアとは比較にならないほど献身的に働く者たちは、正体を隠したまま働き、政治家に恩を売っている。

ましてや地方議会は、もっとずっと少ない票差で当選させている。

それで、恩を売った政治家が閣僚にでもなれば、もう易々と国家権力の中枢に、「反日・反天皇カルト」が侵入したことになる。

選挙での恩義があるから、政治家は統一協会の関連団体の催しに出席し、「まことの父母様」や「マザームーン」を称えて、カルト団体に「お墨付き」を与える役割を果たす。
マザームーン 自民党に対して大きな力をいただいておりマザームーン
そして政策にまで統一協会が影響を与えるようになってくる。
地方議員も取り込まれているから、地方からも統一協会の政策が上がってきて、中央で採用される流れも出来てくる。
夫婦別姓反対
LGBT差別解消・同性婚反対
「伝統的家族観」尊重
皇統の男系固執
こうして自民党の政策と統一協会の価値観が一体化してゆく。
選択的夫婦別姓反対、LGBTの権利拡大反対などは、もはやどっちがどっちを洗脳したのかわからないほどだ。
世界平和統一家庭連合（旧統一協会）
自由民主党
「家族の尊重」も同じだ。
統一協会は実際には日本人の家族を破壊していながら、「世界平和統一家庭連合」を名乗っているが、それは「集金システム」として家庭が必要だからだ。

統一協会はほとぼりが冷めればまた政権に食い込めると思っているし、エセ保守連中も「メディアは集団ヒステリー」などと言ってほとぼりを冷まそうと必死。「空白の30年を繰り返させるな！　ブログマガジン「小林よしのりライジング」は決して追及の手を緩めません。ほとぼりを冷ますな、冷まさせるな!!

一人の信者の周りには、親・兄弟姉妹・子供・親類縁者がいる。その全てからカネをむじり取るために、絶対に家族関係を壊じてはならない。だから統一協会では、離婚は認めない。

皇統問題もそうで、統一協会も自民党も、男尊女卑（儒教）が基本だから、一致して愛子天皇には絶対反対ということになる。

だが、統一協会はそもそも**「反日・反天皇」が教義のカルト団体だ！**

側室がないのに、男系男子にこだわれば、皇統は確実に絶えると分かっていて、秘かに皇統断絶を企んでいるのだろう。

自民党は、まんまとカルトに乗せられている。

40年後の皇室

悠仁親王殿下

妃殿下？

？

旧宮家案は憲法14条「門地による差別」に当たり、違憲になるから不可能！

そんなことも知らず、自民党は**「家族を尊重しよう」**とさえ言えば、ホイホイ乗ってくる。

ハァ〜…

わしの主張は、皇位継承は、男でも女でも良くて、古代に戻って、**「双系」**がいい！　直系の愛子さまがいいと思っている。

さらにあろうことか、統一協会は憲法改正案まで、自民党とすり合わせていた。

自由民主党

これは憲法学の通説だが、
戦争の最終目的は、
相手国の憲法を
書き替えることである！

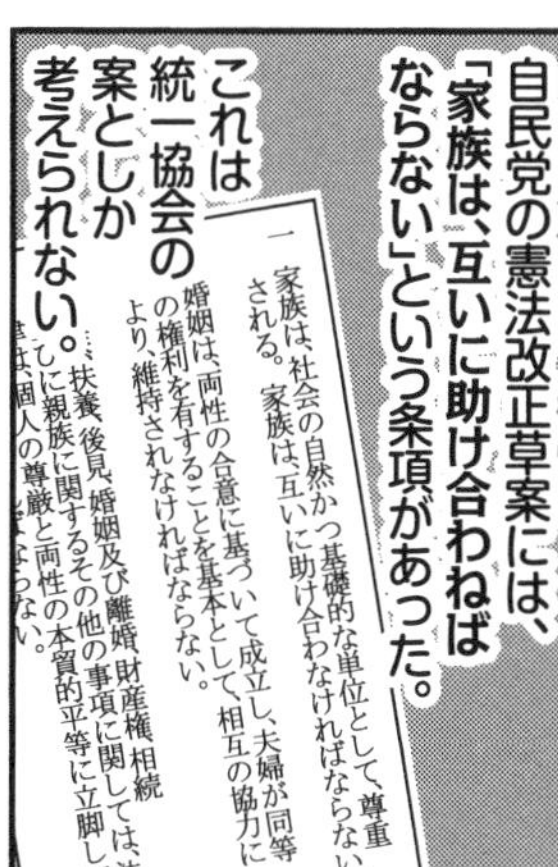
自民党の憲法改正草案には、
「家族は、互いに助け合わねば
ならない」という条項があった。
一 家族は、社会の自然かつ基礎的な単位として、尊重
される。家族は、互いに助け合わなければならない。
婚姻は、両性の合意に基づいて成立し、夫婦が同等
の権利を有することを基本として、相互の協力に
より、維持されなければならない。
扶養、後見、婚姻及び離婚、財産権、相続
びに親族に関するその他の事項に関しては、法
個人の尊厳と両性の本質的平等に立脚して、
これは
統一協会の
案としか
考えられない。

国民が国家に
命令するのが
「立憲主義」だから、
こんな条項は
あり得ないのだ。

統一協会は日本の
憲法を変えて、
日本の家庭を
「集金システム」にして、
日本を財産収奪の
「植民地」にしようと
していたのだ。

そんな侵略者を
安倍政権は、自らの
権力維持のために
利用しようとしたが、
逆に侵略される
ところだった。

統一協会は安倍政権下で
名称変更が許され、
公安警察の監視対象から
外れ、どんどん権力中枢に
入り込み、侵略工作を
進めていた。
なにしろ統一協会と
ズブズブの山谷えり子が
国家公安委員長だったのだ！
世界平和統一家庭連合
(旧統一協会)

自民党の議員たちは
この「ステルス侵略」に
気づかない。
「何が悪いんだ?」と
ひらきなおっている。
統一協会は、韓国において、
合同結婚式で連行してきた
日本人妻を集結させ、
慰安婦問題で日本政府に
謝罪を求めるデモを
行なっていた。
約500人の女性が
「日本人を代表して
お詫びします」と
謝罪文を配って
いたのである。
洗脳された信者は、
反日の工作員に
なってしまうのだ。
今なお「安倍マンセー」で
統一協会を擁護する
自称保守論客は、
単なる侵略者の手先。
「売国保守」である!
Hanada
11
安倍愛 溢れる
追悼 大特集号3
WiLL
10月号
裏切りの岸田政権
高市早苗
門田隆将
ごーまんかまして
よかですか?
侵略は「武力戦」だけではない。
「心理戦」こそが重要であり、
「反日カルト団体」の
「ステルス侵略」を歓迎している
ような連中を保守なんて
言ってはならないのだ!

闘論席

反日カルトからステルス侵略を受け自称保守派は何を保守したいのか？

『週刊エコノミスト』2022年10月18日号より

[写真 Hibio Benjamina Yamanouch]

「戦争の最終目的は相手国の憲法を変えることである」というのは、憲法学の通説だ。米軍も日本を武力で占領して憲法を変えた。それが日本国憲法だ。

もしも武力を用いず相手国の権力中枢に潜入して、憲法を変えることができれば、それが一番手っ取り早い。銃弾を一発も撃つことなく、戦争に完全勝利できるのだから。

兵器を一切使わない戦争、見えない侵略というものもある。統一協会（世界平和統一家庭連合）がそれを実行していて、わしは「ステルス侵略」と名付けている。

政治家に選挙ボランティアを提供して恩を売りつつ、この「反日・反天皇カルト」は巧みに権力を侵食していった。そして、選択的夫婦別姓反対やLGBT（性的少数者）の権利拡大反対、皇位継承問題の男系固執など、統一協会の主張と自民党の政策はほぼ一体となり、連携して運動していった。

そしてついには、自民党改憲草案と統一協会系政治団体「国際勝共連合」の改憲案の重要な部分がそっくりで、自民党改憲草案は統一協会製だったとまで言われる事態になっていた。

外国勢力に憲法を書き換えられて「敗戦」を迎える寸前まで来ていたのだ。

「家族尊重」条項も勝共連合の提案だったようだが、統一協会のいう「家族尊重」とは、信者本人だけでなくその家族も全員一体となって献金しなければならないということで、韓国の教団本部が日本を財産収奪の植民地にするためのものに過ぎなかったのだ。

日本の自称保守派は、反日・反天皇カルトにステルス侵略されながら、これを歓迎して受け入れ、その結果として安倍晋三元総理の銃撃事件を招いたのに、いまだにそれに気づいてもいない。

まったくお花畑で手がつけられない。いったい何を保守したいのか。

RUSSIA
Minsk
Mohilev
Tula
Samara
ENGLAND
Berlin
Warsaw
Orel
LONDON
GERMANY
POLAND
Kursk
Saratov
Southampton
Kiev
Kharkov
Brussels
Cologne
EUROPE
Channel Is.
Paris
CZECHO
SLOVAKIA
UKRAINE
Brest
Orleans
Munich
Vienna
Rostov
Loire
St. Nazaire
FRANCE
Bern
AUSTRIA
HUNGARY
Odessa
SWITZERLAND
Buda-Pest
La Rochelle
Lyons
Trieste
Astrakhan
Venice
RUMANIA
Galatz
Bordeaux
Turin
Genoa
YUGO-SLAVIA
Bukarest
Novorossusk
Toulouse
Belgrad
Danube
Sebastopol
BULGARIA
Black Sea
Petrovsk
Bilbao
Marseilles
Philippopolis
Varna
Tiflis
Saragossa
Corsica
Rome
Adriatic Sea
Constantinople
Poti
Batoum
Derbent
Madrid
Barcelona
Naples
Brindisi
Salonica
Scutari
Trebizond
AZERBAIJAN REP.
Valencia
Sardinia
GREECE
ARMENIA
SPAIN
Balearic Is.
Aegean Sea
ASIA MINOR
Palermo
Messina
Tabriz
Seville
Mediterranean Sea
Athens
Smyrna
Eregli
Sicily
Aleppo
Gibraltar
Algiers
Tunis
Malta
Malta to P. Said
Tigris
Oran
TUNIS
Cyprus
Crete
Fez
Cabes
Beirut
Damascus
Euphrates
MESOPOTAMIA
ALGERIA
Tripoli
Tugurt
Jaffa
Figig
Bengazi
Alexandria
P. Said
Jerusalem
El Golea
Ghadames

「テロに屈するな」という幼稚な標語

2022年9月20日発行「小林よしのりライジング」Vol.447より

統一協会という「反日・反天皇カルト」を国家の中枢まで招き入れた人物を「国葬」にすることには、反対の声のほうが大きくなっている。法の根拠がないまま閣議決定で決めたことには首を傾げざるを得ないが、弔いたい人はそうすればいい。

奇しくも昨日、2022年9月21日は英国でエリザベス女王の国葬が執り行われたから、皮肉な格好になってしまってむしろ気の毒でもある。

これまで散々「安倍マンセー」を唱えてきた言論人は、安倍が選挙に勝つために統一協会と手を組み、そのおかげで「憲政史上最長の政権」を維持していたという「不都合な真実」から目を逸らそうと必死である。連中も所詮は「反日・反天皇カルト」に与する売国勢力にすぎないのだ。

普通の宗教なら、自分の正体を隠して日本人だけを洗脳し、主体性を完全に奪って、「集金奴隷」に改造するようなことはしない。統一協会は明らかに人権無視のカルトなのだ。

去る7月10日、ニコニコチャンネルの参院選開票特番で、国際政治学者・三浦瑠麗、批評家・東浩紀、ノンフィクションライター・石戸諭の3人が、社民党党首・福島瑞穂の発言に対して、常軌を逸した反応を示すひと幕があった。

福島はまず、安倍が殺害された事件について「いかなる暴力にも反対する」「安倍さんの死に哀悼の意を表する」と述べ、そのうえでこう発言した。

「もし統一協会を応援しているということが問題とされたのであれば、まさに自民党が統一協会によって大

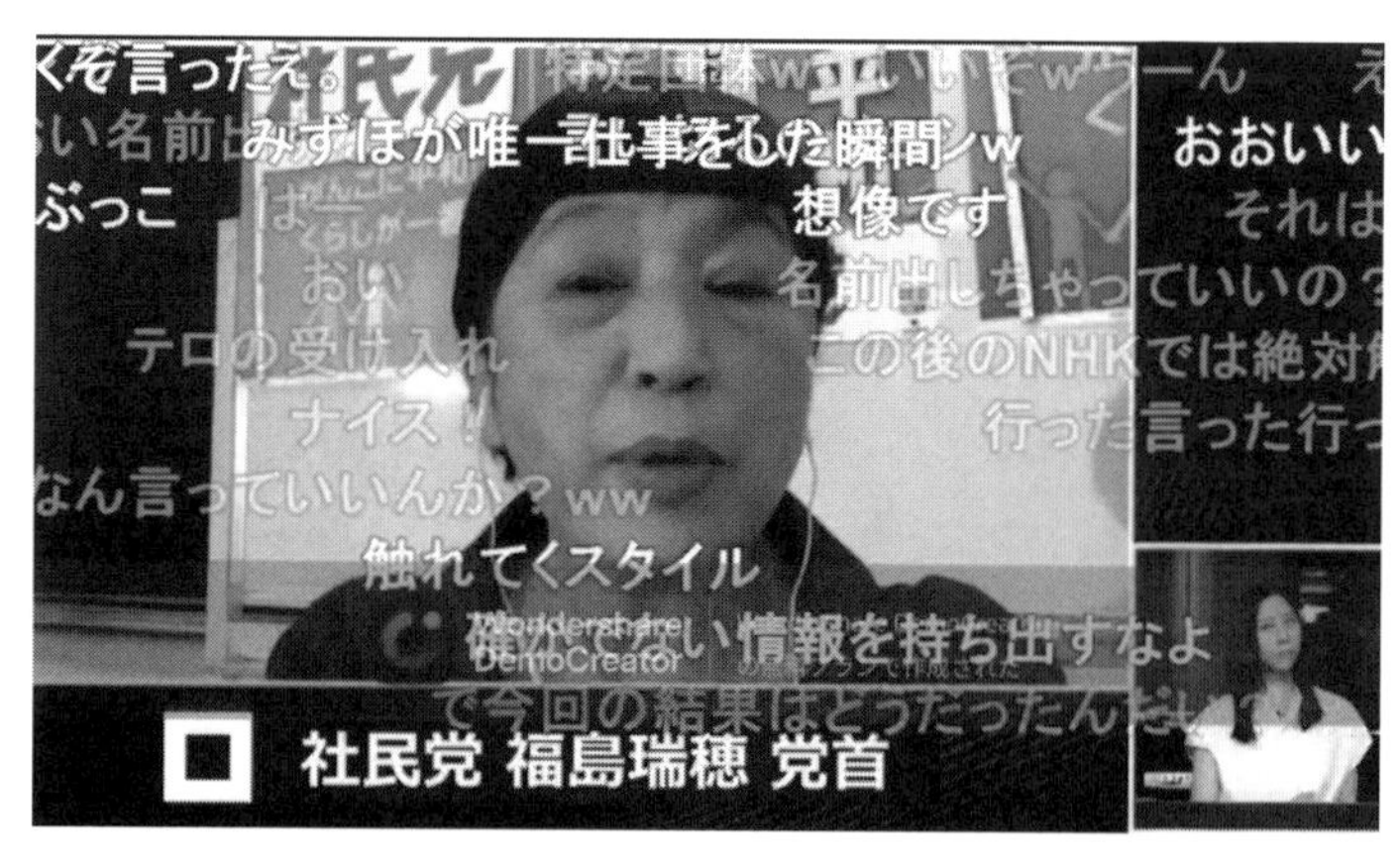
想像です
名前出しちゃっていいの？
テロの受け入れ
ナイス！
触れてくスタイル
おおいい
社民党 福島瑞穂 党首

2022年7月10日投開票の参院選に合わせて配信されたニコニコ生放送「【参院選2022】開票特番｜三浦瑠麗、東浩紀、石戸諭、夏野剛と見守ろう」。三浦瑠麗氏が司会を務め、東・石戸の両氏はゲストとして出演した

きく影響を受けている、ということも日本の政治のなかで、これは問題になりうると思っているんですね」

見事だ！　ぴしゃり、当たっている！

これに東が「『自民党は統一協会と関係しているからこのようなテロを招いた』と言った！」と口調を荒らげ、三浦は「ほぼそれに近い」と同調。

そして東は「これは大変な発言ですよね！」と反応し、石戸が「だから福島さんというか、社民党は小さくなるんですよ！」と非難し、さらに三浦が「これはもうニュースになってしまいます。しかし、申し訳ないけど私の責任ではないと思います。一度、牽制球を投げましたからね」と言い放ったのである。

福島は「自民党は統一協会と関係しているからテロを招いた」とは言っていない。あくまでも自民党が統一協会の影響を受けていたとしたら問題ではないかと話しただけで、それはまったく真っ当なことである。

それにもかかわらず、三浦瑠麗、東浩紀、石戸諭の3人が、ここまで狼狽するというのは、見るからに異常である。

先の大戦に繋がる重大事件を「テロ」とひと括りにする愚かさ

実はこの3人こそ、自民党が統一協会と関係があると知れたら大変なことになると心底恐れていて、そこに直接触れる発言がいきなり出てきたものだから、パニックを起こしてしまい、全力で封殺しなければならないと血相を変えたのだろう。

しかしその後、統一協会と自民党、特に安倍政権が、ズブズブの関係だったということがたちまち隠しようのないものとなった。

すると、自民党と統一協会に関係があるなんて、その可能性について言うことすらまかりならん！　と言っていたはずの三浦瑠麗は、「自民党と統一協会に関係があったとしても、そもそも統一協会なんて大した問題ではない」という発言を繰り返すようになった。

２０２２年８月26日のテレビ朝日系『朝まで生テレビ！』では、「統一協会で何を今さら騒いでいるんですか、みんな知ったことでしょ。私はこの問題に興味ありません」とまで発言。興味のない問題で、なぜあんなに狼狽したのか？

さらに、三浦は「すごい献金して困窮していても、多くの家族は山上徹也（安倍元総理銃撃事件の容疑者）みたいに殺人はしてない！」だの「反日なんて言葉使わないで！」だのと、問題を矮小化しようと必死だった。

一方の石戸も、「選挙運動を手伝ったり、政治家のパーティ券を買ったりと政界との繋がりは現在もある。（中略）だが、繋がりがあることと、影響があることはまったく別の問題である」（『サンデー毎日』２０２２年８月14日号）だの、統一協会が持つ票数は８万～15万票程度だから「公明党の支持母体・創価学会が持つ６００万～７００万票にも遠く及ばない」（『週刊ＳＰＡ！』２０２２年８月２日号）だのと書き連ねている。

統一協会信者の実数は６万人程度で、石戸の言う「８万～15万票」より少ないが、選挙ではものすごい僅差で勝敗が決まる激戦区があり、当落ギリギリの候補へ効果的に票を割り振れば、６万票で何人かは当選させられる。実際に安倍は統一協会に頼んで票の差配をやっていたし、ましてや地方議会はもっとずっと少ない票数で決まるから、その威力は相当なものとなるのは間違いないのである。

『ゴーマニズム宣言』は『週刊ＳＰＡ！』で連載しており、同誌の執筆陣に対する批判は描いてはいけないというルールを強いられているのでここで書くが、石戸は事実を平然とねじ曲げて、統一協会の問題を火消ししようと躍起になっているのだ。

だが、もっとものすごかったのは東浩紀の変節だ。東は『AERA』2022年8月8日号の巻頭エッセイ「eyes」で、なんと、こう書いたのだ。

「自民党と旧統一協会の関係は、これを機に徹底的に解明すべきだろう」

これが、同一人物の発言か!?

福島瑞穂が自民党と統一協会の関係を疑う発言をしただけで、あれだけの剣幕でその発言を封じにかかった人物が、どのツラ下げて言っているのか!?

また、東はこうも言っている。

「大前提として、宗教法人を隠れ蓑にした犯罪行為は許されない。親の信仰で苦しむ児童は社会で保護すべきだ。必要な対処が多額の献金や選挙協力により歪められていたとしたらとんでもない話である」

自民党が統一協会の影響で政策を歪められていたのではないかというのも、福島瑞穂が言おうとして、東浩紀が封じたことではないか!

この厚顔無恥の手のひら返しには呆れ果てる。東はこんなことを書くのなら、その前に福島に土下座しなきゃいけないだろう。

「政治的意図はない」と言っている山上徹也はテロリストなのか?

さらに東は、こう書いている。

「ネットや一部メディアで容疑者に理解を示す声が聞こえるのも心配だ。戦前でもテロリストに同情が集まった。それは敗戦に至る暗い歴史を準備した」

東は安倍銃撃犯の山上徹也を何の疑いもなく「テロリスト」としているが、そもそも山上が行ったことは「テロ」で、山上は「テロリスト」なのか?

テロリズムとは、ある政治的目的を達成するために、敵対する当事者や、さらには無関係な一般市民や建造物などを攻撃し、これによって生じる心理的威圧や恐怖心を通して、譲歩や抑圧などを強いる行為をいう。

ところが山上徹也は、犯行直後から「政治的意図はない」と明言している。

山上はもともと安倍シンパのネトウヨであり、安倍を「敵対する当事者」として狙ったわけでもない。

山上の犯行は私憤による復讐である。

統一協会のために家族が崩壊して兄は自殺。自身の前途にも絶望し、現在の教団トップ・韓鶴子（統一協会教祖・文鮮明の3番目の妻で世界平和統一家庭連合総裁）を殺そうとしたが果たせず、安倍が韓鶴子を称えるビデオメッセージを出していたことを知って、標的を変えたのだ。

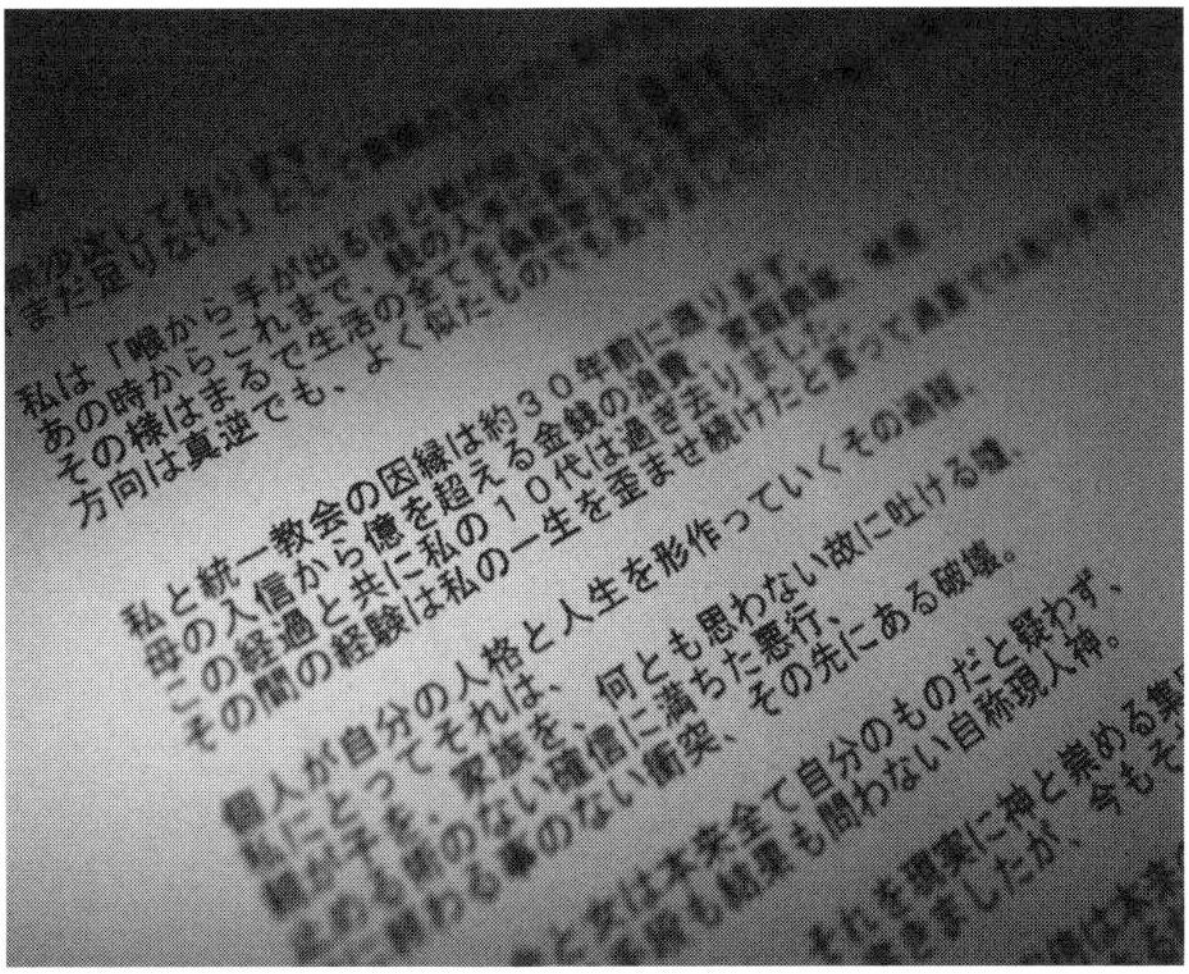

安倍晋三元総理が銃弾に倒れて間もない2022年7月13日、新宗教やカルト問題をテーマに活動しているジャーナリスト・米本和広氏のもとに、山上徹也容疑者が事件の直前に出したと思われる手紙が届いていたことが発覚。紙には「安倍の死がもたらす政治的意味、結果、最早それを考える余裕は私にはありません」などと書かれていた　［写真 時事通信社］

山上には事件を起こして社会に影響を与えようという意図はなかったし、事件に「恐怖心」を抱いて軽挙妄動に走った者もいないのである。

ところが東浩紀は、こう強調するのだ。

「私たちはまずは、テロは断固許さないという決意を繰り返し表明し続けるべきである」

テロでもないのにそう言っている時点でまずおかしいのだが、それは措くとしても、そもそも「テロは断固許さない」という言葉を、まるで絶対の教義のように受け取っている奴はバカなのだ。

テロリズムの由来は、フランス革命期のジャコバン派の恐怖支配（1793～1794年）にあるとされ、以後「白色テロリズム」（反動的テロリズム）と呼ばれる支配体制側が反対勢力を抑圧・弾圧する事例や、逆に反体制側がとる「赤色テロリズム」（革命的テロリズム）、あるいはその双方のテロリズムの応酬など、さまざまなケースが存在する。

多様性のある「テロリズム」を、十把一絡げで「絶対悪」に仕立て上げたのは誰なのか？　それは2001年の9・11以降に「テロとの戦い」と言い出した米国であり、くだらない優等生だけが米国のプロパガンダを妄信して、「テロは断固許さない」というのを「統一原理」にしてしまっているのである。

東はこのコラムをこう締めくくっている。

「宮坂直史防衛大学校教授は、民主主義を壊すのはテロリストではなく、テロを受けた側の人々だと語っている。後年振り返ったときに、この事件が日本史の転換点だと言われないことを切に願っている」

テロが起きたときに、テロは断固許さないという態度を示さなければ民主主義は壊れるというのだが、実は宮坂教授はそんなことは言っていない。

宮坂教授の実際の発言はこうだ。

「犯行に対して『民主主義を破壊する行為だ』という非難が語られていますが、テロ研究の視点から見て気になるのは、実際に自由と民主主義を破壊するのはテロを受けた側、つまり国家や市民だということです。破壊されるのはテロが起きたときではなく、テロを見て人々がそれらに制限をかけたときです。（中略）

犯行を見た私たちが過剰反応せず自由で民主的な社会を変えない決意を持てるかどうかのほうが、より重

朝日新聞デジタル ＞ 連載 ＞ 元首相銃撃 いま問われるもの ＞ 記事

「テロ」と呼ぶべきか　恐怖による過剰反応が破壊する民主主義

有料記事

聞き手 編集委員・塩倉裕　2022年7月12日 19時00分

コメントプラス　小熊英二さんなど2件のコメント

宮坂直史さん

安倍晋三 元首相が街頭で銃撃され死亡した事件を「テロ」と呼ぶべきなのか。そして、犯行は民主主義を破壊しようとする行為だったのか。事件の動機や背景がまだよく見えないこともあって、人々の見方は揺れている。「キーワードは恐怖です」と語るテロ研究者の宮坂直史・防衛大学校教授に聞いてみた。

朝日新聞DIGITALが2022年7月12日に配信した、「『テロ』と呼ぶべきか 恐怖による過剰反応が破壊する民主主義」と題された宮坂直史防衛大学校教授のインタビュー記事。「犯行を見た私たちが過剰反応せず自由で民主的な社会を変えない決意を持てるかどうかのほうが、より重要」と語っている

要だと私は思います」（朝日新聞DIGITAL2022年7月12日配信）

つまり、テロを目の当たりにして怯えた人が「テロの再発を防ぐためには、個人の自由を制限すべきだ！」などと過剰反応を起こし、監視や自粛などの規制を行うことになれば、自由と民主主義が破壊されると言っているのだ。

同情できないテロもあれば、同情できるテロもある！

東が宮坂教授の発言を完全に誤読して紹介したのは本当に読解力不足のせいなのか、意図的なのかは知らないが、ここで東の言う「テロリストに同情したら、民主主義が壊れる」という主張が正しいかどうかを検証しよう。

韓国では、伊藤博文（1841～1909年＝初代内閣総理大臣）を暗殺したテロリストの安重根（1879～1910年＝朝鮮の独立運動家）が国の英雄だが、民主主義が崩壊しているわけではない。

そもそも英雄とテロリストは紙一重というところもあって、南アフリカの元大統領、ネルソン・マンデラ（1918～2013年＝アパルトヘイト撤廃に尽力しノーベル平和賞を受賞）もかつてはテロリストとして見なされていた。チェ・ゲバラ（1928～1967年＝キューバ革命の指導者・政治家）が英雄か？　テロリストか？　となると、今でも人によって意見が分かれるだろう。

「テロリストに同情したら、民主主義が壊れる」なんて話は、全然成立しないということは、たちまち証明できてしまう。

当たり前の話なのだが、テロにもいろんなケースがある。

同情できないテロもあれば、同情できるテロもあるのだ。

明治時代の日本には来島恒喜（くるしまつねき）（1860～1889年＝右翼活動家・玄洋社元社員）という偉大なテロリストがいて、わしは何度も漫画に描いている。

明治政府は不平等条約の改正を焦るあまり、「治外法権」の撤廃を巡って外国人の裁判の際には、日本人の裁判官のほかに外国人の裁判官を任用するという案を採用しようとした。

これでは、実際の裁判で外国人に有利な判決を出す可能性があり、「治外法権撤廃」は形式だけで、逆にその強化になりかねないというものだった。

しかし、当時はまだ国会も開設されておらず、いくら反対世論を盛り上げても阻止は不可能な状態だった。

そんななか、来島恒喜はもっとも強硬に条約改正を推進しようとしていた外務大臣・大隈重信（1838〜1922年＝内閣総理大臣も歴任）に爆弾を投擲して右足切断の重傷を負わせ、その場で自刃した。

欧米の帝国主義に対抗し、大アジア主義を唱導した玄洋社の頭山満の活躍を描く『大東亜論 巨傑誕生編』（小学館・初版2014年）。本編では1889年10月18日、当時外相を務めていた大隈重信を右翼活動家・来島恒喜が爆弾で襲うシーンが描かれている。この後、来島は短刀で自らの喉元を突き自決。大隈は命こそ取りとめたものの重傷を負って右足を切断した

これによって条約改正は中止となり、来島は永く国士として称えられたのである。

一方、1960年に日本社会党委員長・浅沼稲次郎（1898〜1960年）を暗殺したテロリスト、山口二矢（1943〜1960年）はこう書かれた斬奸状を遺し、自決している。

> 汝、浅沼稲次郎は日本赤化をはかっている。自分は、汝個人に恨みはないが、社会党の指導的立場にいる者としての責任と、訪中に際しての暴言と、国会乱入の直接の扇動者としての責任からして、汝を許しておくことはできない。ここに於て我、汝に対し天誅を下す。
>
> 皇紀二千六百二十年十月十二日　山口二矢

「訪中に際しての暴言」とは、事件の前年に訪中した浅沼が中華人民共和国の「一つの中国」論に賛同し、「アメリカ帝国主義は日中両国人民の共同の敵」と発言したことを指す。

「国会乱入の直接の扇動者」は、60年安保改定反対等の請願デモで国会に浅沼らと陳情団が入った後、全学連を先頭とする2万人のデモ隊が国会構内に乱入したことを指している。

時・処・位で物事を見られない優等生にテロは理解できない

現在の感覚で見ては理解できないだろうが、日本が共産主義化される脅威が現実のものとして存在し、社会党がその尖兵としての役割を担っていた時代においては、その言い分は正当なものだったのである。

ものごとを時(じ)・処(しょ)・位(い)で考えられない硬直した優等生だけが、「テロは断固許さない」を思考のマニュアルにしてしまう。

むしろ、学校のお勉強に染まり切っていない庶民のほうが、テロにもいろいろ背景があって、同情できるテロもあるという柔軟な思考ができるものだ。

もしも山上徹也が私憤ではなく、安倍と統一協会の関係を暴き、自民党を恐怖に陥れてやろうという目的のもと、確信を持ってテロとして犯行に及んでいたら、これもまさしく同情できるテロであり、反日カルトに侵略を受けていた日本を救った国士だと評価できただろう。

そして、そんなときにも、東浩紀のような学校秀才バカは、「テロリストの主張に耳を傾けるな！それはテロリストの思う壺だ！」と叫んだであろう。それが、ただ統一協会を擁護する結果にしかならないというこ

1960年10月12日、東京・日比谷公会堂で行われた自民・社会・民社3党の党首立会にて、演説中の浅沼稲次郎日本社会党中央執行委員会委員長が刺殺された。逮捕された17歳の右翼少年・山口二矢は「後悔はしていないが償いはする」と供述。東京少年鑑別所内で「天皇陛下万才、七生報国」という遺書を残して縊死した　[写真 時事通信社]

とにも気づかずに。

前出の宮坂教授は「ここはテロという概念の厄介な部分でもあるのですが、テロと一般犯罪との境界は、現実には曖昧でもあります。たとえば要人が公然と襲われた場合には、実行者の動機や目的と関係なくテロと見なす傾向が、日本でも外国でもあります。法的に定義されるテロとは別の、人々が感覚レベルで共有するテロイメージです」と述べている。

確かにそういう傾向も否定できないが、あくまでも厳密なテロの定義に従うならば、山上の犯行はテロではなく、事件が契機となって政治と統一協会の関係が明るみに出て、統一協会追及へと世論が動いたのは、ものすごい偶然のなせる業だったと言うしかない。

山上の減刑を訴えたり、カンパを集めたりという動きまであるらしいが、いくらなんでもそれはやりすぎで、そこまでの同情をする必要はない。

しかしながら、日本中で今も不幸を起こしている統一協会に対して怒り、これを排除せよと思うのはまったくの正義である。

現在の報道姿勢は正しいので、大いにやってほしい。東浩紀が「ポピュリズムに流れる報道には自制を求めたい」と言っているが、世論の支持を集めていることを、時・処・位による判断抜きですべて「ポピュリズム」のひと言で片づけて高みに上りたがる秀才バカの言うことなど、まったく聞く必要はないのだ。

2022年7月8日、参院選で街頭演説中に安倍晋三元総理が銃撃された近鉄大和西大寺駅前のロータリー。事件後、慰霊碑が建てられる計画が持ち上がったものの、奈良市は交通安全上の理由から車道として整備する方針を決めた。山上容疑者の裁判は今夏に始まる見通しだ　［写真 JoshuaDaniel/Shutterstock］

戦前のテロに対する考察

2022年9月27日発行「小林よしのりライジング」Vol.448より

2022年9月27日は、安倍晋三元総理の「国葬儀」だ。

弔いたい人は弔えばいいが、わしにとっては特にありがたい政策をやってもらった総理でもなく、もっとも重要な皇統の問題を放置されたことが腹立たしく、統一協会を権力の中枢に招き入れたことも、バカバカしい限りで許せることではない。

アベノミクスでトリクルダウンはないと、最初から見抜いていたし、急激な原油高など強力な輸入インフレでも起きない限り、デフレは解消されないだろう。ただ長期政権だっただけで、なぜ感謝している人がいるのか、まったくわからない。

弔いたいなら自民党葬でやっておけばよかったのに、国民全員が文句を言う資格のある国葬儀にしたばかりに、「反対」のほうが多くなるというみっともない世論になってしまった。故人に恥をかかせる決定をしただけである。

安倍氏の生前の業績を、『産経新聞』や『WiLL』『Hanada』など自称保守界隈は最大限に美化しようと必死だが、これもいずれ峻厳なる歴史の審判が下ることは間違いない。

ただ、凶弾に斃（たお）れた安倍氏の最期に関しては、またぞろ「テロに屈するな」だの、「テロは断固許してはならない」だのという決まり文句が出てきそうなので、その無意味さについて今回は改めて論じておきたい。

先にも記したように、批評家・東浩紀は銃撃犯の山上徹也に同情する声があることについて、『AERA』2022年8月8日号の巻頭コラムでこう述べた。

「ネットや一部メディアで容疑者に理解を示す声が聞こえるのも心配だ。戦前でもテロリストに同情が集まった。それは敗戦に至る暗い歴史を準備した」

だが、前回検証したとおり、山上の犯行は個人的怨恨が動機で、「テロ」には当たらない。

そして今回取り上げたいのは、「戦前のテロ」についてである。

「戦前はテロの犯人に同情が集まったためにテロが頻発し、戦争への道を歩んだ。だから過ちを繰り返さないために、テロリストに同情してはならない」

……というのも実によく聞く決まり文句だが、本当にこの主張は正当なものなのか、この機会に歴史を検証しておこう。

とはいえ東の記述では、戦前の「テロ」とは具体的に何を指しているのかわからない。

そこで、似たようなことを言っているノンフィクション作家・保阪正康の主張（毎日新聞デジタル2022年7月13日配信）を見てみよう。

「1930年（昭和5年）から4～5年の間に起きた要人テロと未遂事件は昭和の歴史を暗黒に染める役割を果たした。改めて並べてみると、1930年の浜口雄幸総理（1870～1931年＝蔵相、内相なども歴任）、1932年2月の井上準之助前蔵相（1869～1932年＝日銀総裁も歴任）、3月の三井財閥総帥の団琢磨（1858～1932年）、そして5月には五・一五事件で犬養毅総理（1855～1932年＝外相、内相も歴任）の暗殺と続いている。その後も1933年の神兵

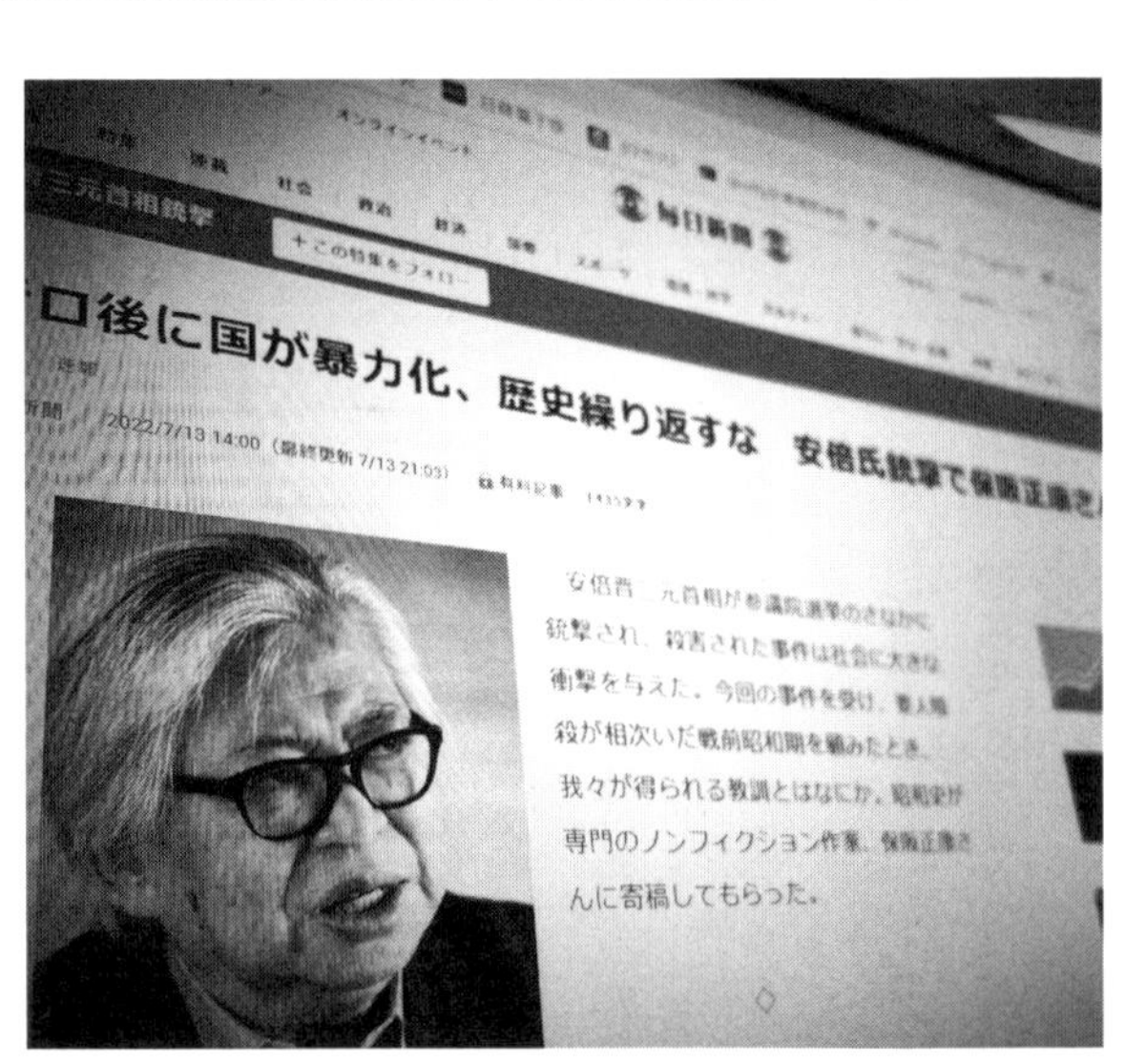

社会
政治
経済
スポーツ
+この特集をフォロー
ロ後に国が暴力化、歴史繰り返すな
2022/7/13 14:00（最終更新 7/13 21:03）
有料記事
安倍晋三元首相が参議院選挙のさなかに
銃撃され、殺害された事件は社会に大きな
衝撃を与えた。今回の事件を受け、要人暗
殺が相次いだ戦前昭和期を顧みたとき、
我々が得られる教訓とはなにか。昭和史が
専門のノンフィクション作家、保阪正康さ
んに寄稿してもらった。

2022年7月13日に毎日新聞デジタルが配信した、「テロ後に国が暴力化、歴史繰り返すな」と題されたノンフィクション作家・保阪正康氏の寄稿。「テロは連鎖する」「（テロに対して）徹底した批判の姿勢を堅持すべき」と綴られている

隊事件や、1935年の陸軍統制派・永田鉄山軍務局長（1884〜1935年）が暗殺された相沢事件、翌年の美濃部達吉（1873〜1948年＝東大名誉教授、貴族院議員）銃撃事件、高橋是清蔵相（1854〜1936年＝総理、農林相なども歴任）らを強襲した二・二六事件と休む間もなく不穏な事件が続いていくのだ。まさにテロは連鎖していくのである」

保阪は続けて「二度とこういう体験を繰り返さないためにも私たちはあらゆるテロに徹底した批判の姿勢を堅持すべきなのである」と述べている。

東の主張とまったく同じだ。東はおそらくこの記事を読んで『AERA』のコラムを書いたのだろう。保阪はマスコミには「昭和史の権威」として扱われているから、学校秀才バカの東は、これをまったく疑うことなく丸呑みしたのではないか？

だが、保阪が言ってることはまったくおかしいのだ。

先の大戦に繋がる重大事件を「テロ」とひと括りにする愚かさ

ここで保阪が挙げた事件は、以下のとおりだ。

【1】浜口雄幸狙撃事件（1930年）
【2】血盟団事件（1932年）
【3】五・一五事件（1932年）
【4】神兵隊事件（1933年）
【5】相沢事件（1935年）
【6】美濃部達吉銃撃事件（1936年）
【7】二・二六事件（1937年）

保阪はこの7事件すべてを「テロ」と呼んでいるわけだが、とても歴史家とは思えない粗雑さである。

前回のおさらいだが、テロリズムとは敵対する当事者や、さらには無関係な一般市民や建造物などを攻撃し、これによって生じる心理的威圧や恐怖心を通じて譲歩や抑圧などを強いることで、特定の政治目的を達成しようとする行為をいう。

ただ、テロと一般犯罪との境界は曖昧でもあり、要人が公然と襲われた場合などは、実行者の動機や目的と関係なくテロと見なされてしまうこともあるが、それは大衆が感覚レベルで共有する漠然としたテロイメージであって、法的に定義されるテロとは違う。

正確に歴史を検証するには、厳密な定義をないがしろにしてはいけない。

【1】と【2】は、厳密な定義に照らしてもテロと言える。

【1】は、現職の総理だった浜口雄幸が右翼団体・愛国社に属する青年、佐郷屋留雄に銃撃された事件で、浜口はいったん命を取り留めたが、そのときの傷による感染症のため8か月後に死去した。

犯行の主な原因は、浜口が「ロンドン海軍軍縮条約で、補助艦の保有比率を対英米7割弱にするという不利な条件を呑んだ」ことで、憲法上、軍備は天皇が決める大権であるとされていたことから、「統帥権干犯」だとして軍部・右翼や野党・マスコミから非難を浴びていたことだった。

佐郷屋は「(浜口は)陛下の統帥権を犯した。だからやった」と供述したが、「統帥権干犯とは何か」という質問には答えられなかったという。

この事件による恐怖から、政治が軍事に手をつけることは一種のタブーとなっていったわけで、これはテロリズムと言えよう。

【2】は、日蓮宗の行者・井上日召（にっしょう）が率いる政治結社「血盟団」の団員・小沼正が前蔵相・井上準之助を、菱沼五郎が三井財閥の総帥・団琢磨を射殺した事件で、井上日召は「一人一殺」を掲げ、さらに多くの要人を標的としていた。

犯行の動機は、井上準之助が蔵相時代に推進した「金解禁政策」によって国内の不景気、特に農村の困窮が深刻になる一方で、三井銀行をはじめとする財閥がこの政策を逆手にとって利益を得ていたことに対する義憤だった。

これは要人暗殺とそれに伴う恐怖心によって、政府・財界の動きを抑圧しようとしたものであり、まさしくテロリズムである。

二・二六事件はテロではなく、政治変革を画策したクーデター

しかし、【7】の二・二六事件は「クーデター」であって、テロではない！ 陸軍の青年将校らが直接的に武力で現政権を倒し、天皇親政の軍事政権をつくろうとしたのが二・二六事件である。

政治体制の変革を目的とするクーデターと、恐怖心を起こさせることで政治的効果を狙って起こすテロと

はまったく性質が違う。

二・二六事件の後には政治家が常に軍のクーデターに怯え、軍の発言力がさらに増大することになるという、テロに似た効果が残ったため、テロとクーデターが混同されがちになっているが、両者は根本的に別物である。

また【4】の神兵隊事件は、右翼団体・愛国勤労党の

1936年2月26日、陸軍の青年将校に率られたおよそ1500人の部隊が決起した二・二六事件。首相官邸をはじめ、警視庁、政府高官の邸宅が襲撃され、蔵相の高橋是清、内相の斎藤実、教育総監で陸軍大将の渡辺錠太郎ら要人が殺害された　写真／時事通信社

天野辰夫ら民間人が政府要人を倒し、皇族による内閣をつくろうと計画して未然に発覚した事件であり、二・二六事件とは比較にならないほど小規模だが、あくまでも「クーデター未遂」であって、テロではない。

微妙なのが【3】の五・一五事件で、リーダーの海軍青年将校・三上卓、古賀清志らは、当初は要人襲撃後に、軍閥政権を樹立して国家改造を行うというクーデターを目指していた。

しかし、血盟団事件以降の官憲による警戒・監視の強化などもあってうまく進まず、結局はクーデター計画を事実上放棄し、集団テロとなった。

これはクーデター計画が崩れてテロになったケースであり、結果として、政治家が軍人の決起を恐れて萎縮するというテロ効果を残した。

だが、【5】の相沢三郎陸軍中佐が、軍務局長・永田鉄山少将を斬殺した事件に至っては、陸軍内における「統制派」と「皇道派」の派閥争いによる事件であって、テロとはまったく関係がない。

【6】の「天皇機関説」を唱えた憲法学者・美濃部達吉が銃撃された事件は一見、美濃部の言論を封じるため

のテロのようだが、美濃部の説はその前年に国会で排撃され、美濃部は貴族院議員を辞職。公職を追放され、著書は発禁に。政府は「国体明徴声明」を出し、この時点で天皇機関説は異端の学説として撲滅を宣言されていた。

美濃部が襲撃されたのは政治的な決着がついてしまった後で、テロを起こす理由も効果もなかった。これは単に美濃部個人を狙った犯行だろう。

なおこの事件、犯人が撃った銃弾7発はすべて外れ、美濃部に重傷を負わせたのは警官の誤射だったという。

仮にも「昭和史の権威」とされる人が、こんなに何でもかんでも「テロ」にしてしまうような粗雑な思考でいいのか？

もっとも、保阪正康が何でもかんでも「戦前は悪い！」で片付けてしまう粗雑な脳の持ち主だということは重々承知しているから、わしはいつも保阪の意見は粗雑だという前提で聞いているが。

保阪は、「テロの連鎖」によって「暴力が全面的に肯定される社会」になり、「国策そのものが暴力化」して、「国策の暴力化は軍事の専横化」となり、「それが昭和の超国家主義や軍国主義の軸」になって暗黒の時代をつくったとして、「二度とこういう体験を繰り返さないためにも私たちはあらゆるテロに徹底した批判の姿勢を堅持すべきなのである」と主張している。

1932年3月、血盟団事件で菱沼五郎にピストルで暗殺された三井財閥総帥・団琢磨の弔問に訪れた犬養毅元総理。自身もこの2か月余り後に5・15事件で凶弾に倒れることに

［写真 時事通信社］

テロには一切同情すべからず短絡的すぎる「昭和史の権威」

そしてさらに、保阪はテロへの同情を戒めようとして、こう述べるのだ。

「前述のようにテロは連鎖する。その連鎖は最初の段階での批判の弱さとためらいの結果だということにも気がつくはずだ。五・一五事件では、陸海軍の青年士官や士官候補生などの決行者を社会が甘やかし、義挙扱いをしている」(毎日新聞電子版7月13日配信)

要するに、テロに同情したからテロが連鎖し、そのために戦前は暗黒になったのであり、その過ちを繰り返してはならないから、テロには一切同情してはならないと保阪は言いたいのだ。

わしにはあまりにも短絡的な分析としか思えないが、東浩紀はこれを鵜呑みにして、「戦前でもテロリストに同情が集まった。それは敗戦に至る暗い歴史を準備した」と書いている。

東のような学校秀才は、「権威」の言うことなら何でも鵜呑みにしてしまうから問題なのだ。

五・一五事件の発生直後は報道が規制され、国民の間で犯人たちへの同情が広がることはなかった。

だが事件から1年後、公判の開始を前に陸海軍省と司法省が事件の概要を公表。これが国民に大きな衝撃を与え、深く同情心を喚起した。

そして公判が始まると、被告らは一様に政党・財界の横暴や、国民生活、特に農村の窮状などを訴え、それが連日新聞で無批判に報道され続けた。

これによって減刑嘆願運動が全国に広がり、わずか1か月ほどで1道3府40県から嘆願書が寄せられ、その署名人数は7万5000を超え、首謀者の古賀ら3人に死刑、他3人に無期懲役の求刑がなされると、さらに1か月で署名は70万2255人に達した。

減刑嘆願運動は政治問題にまで波及し、結局、判決は三上、古賀に禁錮15年など、求刑よりも大幅に軽いものとなり、そのまま確定したのだった。

五・一五事件当時、日本は世界恐慌の煽りを受けた昭和恐慌によって、戦前でもっとも深刻な不況の時代に突入していた。

その前年、満州権益の危機を打開するために関東軍が満州事変を起こし、国民はこれに喝采を送るが、満州の発展を契機に日本が恐慌を脱するのは、まだ先のことだった。

農村では米価がほぼ半分、繭価（製糸業者が養蚕農家に保証すべき繭の価格）は3分の1に落ち込み、農家は生活が成り立たなくなるほど厳しい経済状況に追いやられ、欠食児童（農家なのに食糧がなく、学校に弁当を持参できない子供）や、娘の身売りが社会問題化していた。

それにもかかわらず、政党政治はこの窮状に手を差し伸べることもなく、財界は自らの利益の確保に汲々とするのみだった。

だからこそ決起したのだと、軍人の被告たちが法廷で訴えたのだ。当時の国民が、涙を流して同情したのは至極当然のことだろう。

1933年7月、5・15事件に関わった海軍将校ならびに陸軍将校らは「反乱罪」の容疑でそれぞれ軍法会議にかけられる。一方、民衆の間では腐敗した政党政治への不信は最高潮に達し、事件に関わった青年将校らに対する助命嘆願運動が全国で展開される事態に。このような世情から判決は比較的軽い量刑となった
［写真 共同通信社］

テロは断固許してはならないという決まり文句は無意味

これに対して、「どんな理由があってもテロはいけない！　テロリストに同情するな！」なんて言えるだろうか？　テロはいけないから、農村は見殺しにしておいてよかったとでもいうのだろうか？

テロリストに同情が集まったから、暗い時代がつくられたのではない。

もともと昭和恐慌によってとんでもなく暗い時代がつくられていて、それを何とか変えようとしたテロリ

ストがいたから、同情が集まったのだ！
保阪や東の認識は、原因と結果が転倒しまくっている。

何度も言っているように、同情できるテロと、同情できないテロがある。

五・一五事件は、犬養毅を殺害する必要があったのかといった疑問はあるものの、その動機において十分同情できるテロである。

それを「あらゆるテロは悪で同情してはならない」などという原理主義でしか捉えられないようでは、いくらお勉強をしたところで、何の役にも立たないのだ。

五・一五事件のときの国民感情と、それに押されたかたちの寛大な判決が、その後の二・二六事件を誘発する一因となったとよく言われるが、それは本質的な問題ではない。

五・一五事件の後に二・二六事件が起きたのは、五・一五事件の首謀者を厳罰に処さなかったからではない。五・一五事件によって訴えられた農村の窮状が、一向に解決されなかったからである！

さらにもう一つ言っておくと、二・二六事件の事後処理は、五・一五事件とは対照的なものだった。

裁判は弁護人なし、非公開、上告なしで行われ、初公判から判決までは2か月ほどで、合計19人が死刑となった。

まさに二・二六事件においては保阪や東が言うような、「テロ（厳密にはテロではないが）は断固として許してはいけない」という対応が取られたのだから、これで「戦争に続く暗い時代」は終わっていなければならないはずなのだが、実際にはこの年に支那事変が勃発し、長い戦争の時代に突入していくのである。

結局のところ、東浩紀が保阪正康の言説を真面目にお勉強して述べた、「戦前でもテロリストに同情が集まった。それは敗戦に至る暗い歴史を準備した」という言説は歴史的に完全に間違っており、これを根拠に言っている「テロは断固許してはならない」という決まり文句は、まったくの無意味としか言いようがないのだ。

権威のある人が言う「決まり文句」を、そのまま暗記して繰り返すのが優等生で、いちいち「それ、本当か？」と疑うのは不良なのかもしれないが、優等生のやっているお勉強だけでは、歴史の真実には一歩も近づけないのである！

SPECIAL INTERVIEW

「プーチンの戦争」がもたらした悪夢と憲法9条の呪縛に苦しむ日本

聞き手・小林よしのり

BLOOD

法哲学者・東京大学名誉教授
井上達夫

「来年、この戦争は転換点を迎える。そして、ウクライナの勇気と米国の決意が、我われが共有する自由の未来を保障することになるだろう」

2022年12月21日、ウクライナのゼレンスキー大統領は戦火の最前線から米国へと飛び、連邦議会の上下両院合同会議でスピーチを行った。オリーブグリーンのスウェットに身を包んだ雄姿はスタンディング・オベーションで迎えられたが、議会の保守派のなかには、これまで米国が行ってきた1000億ドルの支援を「打ち切るべき」と口にする者もいたという。

大ロシア主義を標榜する独裁者プーチンの戦争は、長期化することで世界のパワーバランスに大きな歪みをもたらしている。この無謀な戦争はなぜ始まったのか？　戦いはいつ終わるのか？　そして、安全保障環境が激変しつつある日本はこの非情な現実とどう対峙すべきなのか？　今回、法哲学者の井上達夫東京大学名誉教授を招き、小林よしのりがその見識を問うた。

※2022年12月23日、東京都内で行った取材を基に構成

小林　ウクライナ戦争が始まって以降、日本では保守・リベラルを問わず、ロシアを擁護する言論人が思いのほか多いことに驚かされた。価値相対主義に陥った彼らの言い分は、これまでの歴史を無視した「どっちもどっち論」で、国際法という視点がすっぽり抜け落ちている。日本はNATO（北大西洋条約機構）陣営による対ロシア制裁に足並みを揃えて参加している時点で戦争の当事国なのに、このような無責任な言説が垂れ流され続けていることには呆れるほかない。

そんななか、長きにわたり日本のリベラル論壇を牽引してきた井上達夫さんが2022年9月に上梓した『ウクライナ戦争と向き合う――プーチンという「悪夢」の実相と教訓』（信山社出版）は圧巻だった。法論理でロシアの欺瞞を暴き、日本の自称・言論人が主張する「対ロ宥和論」の綻びを一つずつ論破していく……。わしの考えに極めて近いということもあり、読み進めながら多くの部分で唸らされました。

そこで、ウクライナ戦争は今後どこへ向かうのか？　安全保障環境が風雲急を告げる東アジアにおいて、この戦争を教訓に日本は何を行うべきなのか？　今回、わしがインタビュアーとなって、井上さんにいくつかの疑問をぶつけてみようと思う。まずは、ここまでのウクライナとロシア双方の戦いぶりをどう分析・評価しているのですか？

横流しが蔓延する「盗賊国家」ロシア。物資不足でロ軍は劣勢に

井上　ロシアによる侵攻が始まる前からウクライナは圧倒的不利とされていたが、戦況はこれまで二転三転している。開戦当初、ロシアが戦車を中心とする戦闘車両による接近戦を仕掛けたのに対して、ウクライナは米国から供与された歩兵携帯型の武器で対抗。地対空ミサイル「スティンガー」、対戦車ミサイル「ジャベリン」の威力は絶大で、ウクライナはかなり巻き返しました。ただその後、分の悪い接近戦を避けたロシアが長距離ミサイルによる攻撃に転じて、若干、押し戻すことに成功する。ロシアがやや優勢に立てたのは、NATOが長射程の兵器をウクライナに供与しなかったから。ウクライナがロシア領内を攻撃したり、高性能の武器のテクノロジーが流出するのをNATOは懸念したのです。

法と哲学新書
ウクライナ戦争と向き合う
―プーチンという「悪夢」の実相と教訓
井上 達夫 著
〈法と哲学新書〉第3弾！
なぜ戦争に？ その終わりは？
我々は何をすべきなのか？
～いま試される「法」「政治」そして「思想」～
世界と日本が直面する問題の核心に
法哲学者、井上達夫が真正面から迫る
8160-01011
信山社
SHINZANSHA
定価：本体1,200円(税別)

井上氏が2022年9月に上梓した『ウクライナ戦争と向き合う ―プーチンという「悪夢」の実相と教訓』（信山社出版）。政治思想家・マキャベリの「君が武器を投げ出してしまえば、到底君を助ける気にならない者でも、君が武器を手にして雄々しく立ち上がれば、援助に駆けつけるようにならないとは限らない」という言葉の引用から始まる本書は、ウクライナ戦争に至る実相がアカデミックなアプローチで重厚に綴られている

ところが、ウクライナが苦戦する状況が続くと、2022年9月には米国が高機動ロケットシステム「ハイマース」を供与しました。遠距離の敵を正確に攻撃できるようになったウクライナが反転攻勢し、南部ヘルソン州やザポリージャ州に侵攻していたロシア軍は撤退を始めている。占領している東部ドネツク州やルハンシク州(ロシア語ではルガンスク)まで戻り、これを死守する構えで、今後は東部で攻防戦が展開されるでしょう。

ただ、こうした戦況以前に、ロシア軍が抱える構造的な問題のほうが今後、戦争の行方を大きく左右することになると思います。9月からのウクライナの反転攻勢を受けて、ロシアのプーチン大統領は部分的動員令を発出し30万人の予備役を招集しているが、そもそも兵士に支給する軍靴や軍服さえない。防弾チョッキやヘルメットを購入するために、市民がクラウドファンディングを立ち上げているほどです(苦笑)。

小林　欧米の軍事専門家からは、ロシアのミサイルは2022年中にも底をつくとの分析も出ている。なぜ、ロシア軍はこれほど物資が不足しているのですか?

井上　今に始まったことではないが、ロシアはプーチンを頂点とする「盗賊国家体制」(クレプトクラシー)の国。政治家や官僚、オリガルヒ(新興財閥)シロヴィキ(軍や警察、情報機関出身の政治エリート)などの権力者が国家資産を着服・私物化し、それが軍部にまで浸透している。実は、プーチンは軍を近代化したつもりだったんですよ。実際、2011年には

井上達夫(いのうえ・たつお)
法哲学者・東京大学名誉教授。1954年、大阪府生まれ。東京大学法学部卒業後 東京大学助手、千葉大学助教授を経て、東京大学大学院法学政治学研究科教授(1995~2020年)。『共生の作法── 会話としての正義』(創文社・1986年)でサントリー学芸賞を、『法という企て』(東京大学出版会・2003年)で和辻哲郎文化賞をそれぞれ受賞。小林よしのり、前衆院議員で弁護士の山尾志桜里氏らとの共著『属国の9条 ゴー宣〈憲法〉道場Ⅱ 黒帯』(毎日新聞出版・2018年)ほか著書多数

総額19兆ルーブル（当時の為替レートで53兆2000億円）を投じて、2020年までに軍の装備を近代化すると、ロシア国防省が発表していた。ところが現実には、近代化のための公金の着服や、納入された装備の横流しが軍内部で常態化していたという。軍服すら支給されないのは、いい生地を使っているので高値で売れるかららしい（笑）。軍服がないくらいだから、軍事物資は基本的に相当不足しているとみていいでしょう。

それに加えて、経済も非常に逼迫している。中国やインドなどがロシアの石油や天然ガスを輸入し、ロシアの貿易収支が黒字になっていることから、「欧米による経済制裁が効いていない」という声もあるが、現実はその反対です。ロシアの貿易黒字の正体は、経済制裁で輸入が激減した結果にすぎない。ロシアは武器の生産や修繕に必要な部品も含め、一般的な工業製品の高性能な部品のほとんどを西側からの輸入に依存しており、これらが経済制裁で入ってこないのです。つまり、エネルギー資源の輸出で稼いでいても、欲しいものが買えない苦境に立たされている。これまでは過去に輸入した部品の備蓄でやり繰りしてきたが、2022年8月以降、その備蓄も枯渇してきている。武器に必須な半導体もロシア向けの輸出は9割も減少した。窮したロシアは密輸ルートを模索しているが、欧米諸国はその追跡もしており、密輸に協力した企業や政府は厳しい制裁の対象になるので、十分で安定的な供給ラインにはなっていない。もはや、ロシアは新型武器のメンテナンスもできなければ、代用する旧式武器の部品交換もままならない。軍を支える物的インフラの根幹が非常に脆弱化しているのです。

そこで、ロシアは戦略を転換して首都キーウをはじめ、ウクライナの主要都市のインフラをミサイルで集中攻撃するようになった。だが、小林さんも指摘したように、それも枯渇してきている。だから、イランから輸入した自爆ドローン「シャハド136」での攻撃に切り換えたりしているが、英国国防省の分析によればこれもほぼ使い切っており、そう長くは続かないでしょう。

予備役30万の訓練が終わる今春、ロシア軍は攻勢に転じる?

小林　ここにきて、冬を越した2023年の春からロシアが大攻勢に転じて首都キーウを狙うという見方が出ている。だが、わしからすると、兵器を動かすのに必要不可欠な半導体が世界でそんなに余っているとは思えない……。実は1年ほど前に新車を買ったんだけど、半導体不足が原因でいまだに納車されていない状態が続いている。裏を返せば、あれほどミサイルをバンバン撃ちまくっているのに、ロシアにだけ半導体が集まっているなどということがあるわけない。

井上　ロシアの大攻勢について付言すれば、ウクライナはこれから本格的な厳しい冬を迎え、戦況は膠着状態に陥る可能性が高い。その間にロシアは新兵を訓練し、完了次第、全面的な大攻勢に出ると見られています。同盟国のベラルーシ領

2022年12月19日、プーチン大統領はベラルーシを訪問しプーチン氏を「兄」と慕うルカシェンコ大統領と会談。ロシアがベラルーシに参戦を強く迫ると見られたが、経済と防衛の面で緊密な関係を強調するのみだった。ベラルーシではロシアが同国を吸収・併合するのではないかとの懸念も浮上している
［写真 SPUTNIK／時事通信フォト］

内からウクライナとの北部国境を越えて、再びキーウを狙うという。だが実際のところ、それは無理な話でしょう。というのは2月の開戦当初、ロシアはウクライナの南北と東の三方から同時に侵攻し、電撃的に首都キーウを短期間で陥落しようとしたが叶わなかった。その後は、分散した戦力を南部と東部に集中せざるをえなかったわけだから、その当時よりも軍事資源が逼迫しているなかで、再び戦線を拡大することは難しい。

そのうえ、ロシア国内では厭戦ムードがかつてないほどに広がっている。これまで戦争に無関心だったロシア人も、戦場への動員が拡大し、死傷者が激増しているのを目の当たりにして嫌気が差しているのです。2022年9月にロシアの独立系世論調査機関「レバダセンター」が行った世論調査によると、プーチン大統領の支持率は83％と高止まりしているものの、「軍事行動を続けるべき」との回答が48％、「和平協議を始めるべき」が44％と拮抗。ところが、9月21日に部分動員令が出た後、10月の世論調査では「軍事行動を続けるべき」との回答は36％まで落ち込んだのに対して、「和平協議を始めるべき」との回答は57％に上昇しました。部分動員令の発出直後、国外に脱出するロシア人が空港に殺到したのが象徴的だが、今や兵員を集めることは難しくなっている。

ロシアと軍事同盟を結ぶベラルーシの兵力を使うという見方もあるが、ベラルーシ軍の兵力はわずか4万8000人で、独立以来、一度も実戦経験がないので使えないでしょう。仮に、参戦すればベラルーシに対する欧米の経済制裁がさらに強化されるのは避けられず、自国の兵をロシアのために犠牲にすると国民の不満が爆発する恐れもある。いかに恐怖政治で鳴らすルカシェンコ大統領といえども、そこまでのリスクは負いたくない

はず。ベラルーシとロシアの合同軍というかたちをとっても、実態はロシア軍が主体とならざるをえないのではないか。となると、先ほども言ったように、ロシア軍は戦力を分散させるほかなく、非効率で現実的ではない。

　結局、ロシアは現在のようにミサイルやドローンを使って、ウクライナ軍との近接戦闘を避けて戦う以外に道はない。ただし、南部ヘルソン州のドニプロ川西岸を奪還したウクライナ軍が勢いに乗り、東岸まで奪還できるかといえば、ロシアの頑強な抵抗が予想されるので簡単にはいかないでしょう。そもそもウクライナが序盤でロシアに攻め込まれながらも戦線を押し戻すことができたのは、戦争においては防衛する側が有利だから。ロシアが死守する地域を渡河して攻撃するとなると、今度はウクライナ軍が不利な立場になり、ロシア軍の分が少しよくなる。こうした前提を踏まえれば、今後、戦闘は膠着状態が続くでしょう。変化が起きるとすればどちらかの軍の物資が尽きたときですが、それがいつになるかは予測できません。

小林　ロシア軍の物資不足はかなり深刻な状況なんじゃないか。部隊の隊長が負傷したときに傷口を止血するため、部下に「タンポンを用意しとけ!」と言っているくらいだし(苦笑)。軍靴も軍服もないし、戦車や大砲はもちろん、自動小銃さえボロボロ……。ロシア軍の近代化の遅れは、予想を遥かに上回るひどさと言っていい。2003年のイラク戦争では、米軍がピンポイント爆撃やステルス爆撃機を投入するなど戦争が一気に近代化されたが、ウクライナ戦争を見ていると、古臭い時代遅れの戦いに逆戻りしているように感じる。

井上　プーチン自身も今回の戦争で初めてそれを知ったのではないか。莫大な予算を注ぎ込んで軍を近代化したはずなのに、蓋を開けてみれば全然そうはなっていなかった。先ほど述べたように「盗賊国家」が軍にまで浸潤し、近代化するための予算を着服した軍幹部が隠蔽していたんでしょうね。

　兵器などの軍事物資が近代化していないばかりか、ロシア軍の作戦指揮命令系統は旧態依然の上意下達で、柔軟な対応ができていない。実は、かつてのウクラ

ウクライナ国内には旧ソ連時代に軍事拠点として使われた基地が数多く点在している。キロボフラード州ポブスケではその一部を「戦略ミサイル部隊博物館」として公開。ICBM(大陸間弾道ミサイル)の地下発射台が今も見られる　[写真 共同通信社]

郵便はがき

料金受取人払郵便

銀座局承認

9041

差出有効期間
2025年3月
9日 まで

105 6690

東京都港区芝浦1-1-1
浜松町ビルディング

株式会社 扶桑社

『ゴーマニズム宣言SPECIAL
ウクライナ戦争論 2巻』係行

□□□-□□□□	ご住所	
(フリガナ) お名前		男・女
お電話番号	(　　) -	年齢	歳
メールアドレス		
ご職業	1.学生 2.公務員 3.会社員 4.会社役員 5.商工自営 6.農林漁業 7.教員 8.医師 9.自由業 10.主婦 11.その他（ ）	
今回お買い上げの書店名	市町	書店

ご記入いただいた個人情報は、アンケート集計に使用し、その他の目的で使用することはありません

愛読者カード

●本書を何でお知りになりましたか。
①書店で見て　②新聞で見て（　　　　　）
③知人のすすめ　④テレビで見て（　　　　　）
⑤インターネットで見て（　　　　　）
⑥その他（　　　　　）
著者へのメッセージ、または本書の感想をお書きください。

●この感想を本の宣伝に使用する場合があります。
宣伝に使用することに、同意　する／しない
●同意された方のお名前は、
本名で／匿名で／ペンネームで（　　　　　）
年齢表記は、構わない／しない
(感想の使用にあたっては、抜粋させていただくことがあります)
官製はがきの場合は、このはがきの所定の項目をうらおもてにご記入の上、ご応募下さい。

ご協力ありがとうございました。

イナ軍も同じで、ソ連から独立後も長らく組織形態は旧ソ連式だった。だが2014年、ロシアにクリミア併合を簡単に許してしまったのをきっかけに、軍改革を推し進めたのです。2013年に廃止した徴兵制を復活させて兵力を拡充するだけでなく、近い将来のNATO加盟を睨んでソ連式の指揮命令系統や戦術もやめ、NATOの軍事顧問団の指導を受けてNATO式の「委任型指揮」に軍編成を変えていった。これは、作戦・戦闘の目標は上官が設定するが、目標実現の具体的方法についての意思決定は指揮系統のできるだけ下に位置する者に委ねるというものです。その結果、戦場の状況に合わせて、現場の下士官に裁量権が与えられ、柔軟に対応できるようになった。ウクライナ軍が大方の予想以上に善戦したのは、決して偶然ではなく、こうした改革の成果だったのです。

さらに、かつてソ連の重要な軍事拠点だったウクライナゆえに、ソ連崩壊時には世界第3位の核保有国だった。また、ソ連の軍需産業の4割を担っていたので兵器産業も盛んで、多くの軍事技術者を抱えている。実際、世界第3位の軍事大国の中国はウクライナから多くの武器を輸入しているほどで、中国初の空母「遼寧」も元はウクライナ海軍のヴァリャーグを輸入して改修したもの。ウクライナの軍事技術者は優秀で中国でも指導していると言われていますが、もともとウクライナの軍事力は旧ソ連構成国のなかではロシアに次ぐ強大さを誇る。平時の兵力は20万人以上と、英国軍よりも大きい。しかも予備役が90万人おり、総動員体制の現在の兵力はおよそ100万人。これに対してロシアの通常兵力は90万人だが、多くの国と国境を接しているのでそのすべてをウクライナに投入できず、侵攻当初に準備されたのは約30万人で、実際に投入された兵力は15万人強と言われている。実は、劣勢と目されたウクライナは、兵力においてはこれまでのところロシアを上回っていたのです。火力は数だけを見ればロシアが圧倒的だが、武器部品など軍事物資が枯渇しつつあるうえ、量的に損耗し、質的にも劣化している。ウクライナは決してたまたま善戦しているわけではないんですよ。

「NATOの東方拡大がプーチンを戦争に駆り立てた」という嘘

小林　一方、日本ではウクライナ戦争を巡って、妙な理屈でロシアを擁護する言論人が何人も現れた。その代表格が、NATOがかつての東側陣営の国を取り込み、東方拡大を続けたことがプーチン大統領を追い詰め、ロシアの安全保障のためにウクライナ侵攻に踏み切ったという主張です。

井上　私はこれを「NATO東進帰責論」と名づけて、自分の本でももっとも詳細にその誤りを指摘しています。かつてソ連封じ込めで米国の冷戦政策を主導しながら、東西対立の激化で勢力均衡論に傾斜したジョージ・ケナン（1904～2005年＝元在ソ連米国大使・外交戦略家）ら、「リアリズム」と称する国際政治の学派があり、ポスト冷戦期におけるNATOの東進を危険視していた。この学派を継ぐ国際政治学者は「NATOが東方拡大してプーチンを追い詰めなければ、ウクライナを侵攻しなかっただろう」などと主張しているが、現実認識を間違えています。彼らは「リアリスト」を自称しているが、自分たちの学派の教科書的な図式でしか「現実」を見ていない。私自身、国際政治の冷徹な現実から目を背け、高邁な理想だけを追求することは危険と考えるリアリストを自任している。本当のリアリズムを貫徹していないからこそ、彼ら「リアリスト」の主張は斥（しりぞ）けられるべきだと考えています。

　彼らの「NATO東進帰責論」は大きく四点において誤っています。

　第1に、冷戦の終焉によってNATOの性格が変わったことを見すごしている。ソ連崩壊後の1999年、ポーランド、ハンガリー、チェコを皮切りに、2020年までに計14か国の「旧東側陣営」の国がNATOに加盟したが、これは「西側軍事同盟」としてのNATOが「東側陣営」を征服したのではなく、西側vs東側という境界自体がなくなり、NATOと「旧東側陣営」の双方が地域の新たな集団的安全保障を必要とした結果です。つまり、NATOが東進したのではなく、「旧東側陣営」諸国が自ら進んでNATOに西進したということ。

プーチンは加盟希望だった!?　ロシアがNATOに参加しなかった意外な理由

　ここで、集団的自衛権と集団的安全保障とを区別する必要があります。敵集団と味方集団とを線引きして、味方集団の国が敵集団の国に攻撃されたときに、味方集団全体で反撃するのが集団的自衛権体制です。これに対して、集団的安全保障体制は敵味方をともに包摂して、両者のあいだで起きる紛争を抑止・調停するもの。国連はグローバルな集団安全保障体制ですが、OAS（米州機構）、OSCE（欧州安全保障協力機構）のような地域的な集団安全保障体制もあります。実は、冷戦終了後、NATOと敵対する集団的自衛権体制だったワルシャワ条約機構（1955年設立・1991年解散）は、共産主義vs資本主義というイデオロギー的対立軸が消滅したため自壊しました。その結果、NATOも、旧東側の共産主義陣営に対する西側資本主義諸国の集団的自衛権体制ではなくなり、ロシアと東欧諸国などの旧共産圏も含めたユーラシア大陸と北米大陸全域までをカバーする地域的な集団的安全保障機構へと変貌していったのです。

　現に、1997年にNATOとロシアは「NATO・ロシア基本文書」に署名し、NATOは新たに加盟した東欧諸国に外国の軍隊が恒久的に駐留しないことを約

2000年の大統領就任式で演説するプーチンと、それを見守るエリツィン初代大統領。1998年、FSB(連邦保安庁)長官に就任したプーチンは、謀略でエリツィンの政敵を失脚させ、これを機に信頼を得ると、権力の階段を駆け上がった

[写真 タス通信/共同通信社]

束している。さらに、2002年にはロシアが要請するかたちで、当時のNATO加盟19か国にロシアを加えてNATO・ロシア理事会(略称「NATO20」)が設置された。このときロシアは準加盟国扱いだったが、純然たる加盟国を目指す動きがあったのです。

小林　ということは、プーチンがNATOに入りたがっていたということですか? ちょっと信じられんな(苦笑)。

井上　2000年、プーチンはボリス・エリツィン(1931~2007年=初代ロシア大統領)の後を継いで大統領の座に就きました。就任当初は、ロシアのNATO加盟にかなり前向きだったのは間違いない。要するにプーチンは、冷戦終結後にNATOが西側の集団的自衛権体制から、全欧州と全北米をカバーする地域的な集団安全保障体制に変化したことを理解していたのです。「プーチンがNATOに入る姿勢を示していたのに、欧米から相手にされず傷ついた」というナイーブな見方もあるが、そんなことはない。2003年の米ロ首脳会談で、ジョージ・W・ブッシュ(ジュニア)大統領は「非公式かつ秘密裏に、NATO加盟をプーチン大統領に求めた」と報じられているし、同年10月にロシアを訪問したジョージ・ロバートソンNATO事務総長(英国・ブレア政権時代に国防相を歴任)も「ロシアは2、3年以内に正規加盟国になるかもしれない」と発言していたことからも明らかです。

ロシアをNATOに招き入れようとするこうした秋波に対してプーチンも乗り気で、実際にNATO加盟にも賛成していたが、クレムリン内では意見が分かれ、イワノフ国防相に反対されてしまう。興味深いのはその理由です。当時は、2003年3月に始まった米国のイラク侵攻に対し、欧州では英国が追随したものの、ドイツとフランスは反対し、米国と欧州の溝が深まっていた。さらに、NATO内でもフランス、ドイツ、ベルギー、ルクセンブルクの4か国が、EU(欧州連合)諸国だけで独自の作戦計画司令部を持つべきだと言いだして、亀裂が広がり続けていた。内輪揉めのような事態を目にしたイワノフ国防相は、「バラバラになって弱体化したNATOなんて、加盟する価値がない」と考えたわけです。こうした歴史的背景を理解すれば、NATOの圧迫によってロシアがウクライナに侵攻せざるをえなかったとする「NATO東進帰責論」がまったくの嘘であることは明らかでしょう。加盟する価値すらないNATOを、なぜ恐がる必要があるのか?(笑)プーチンに至ってはNATOに入りたがっていたわけですから。

小林　NATOを敵視する現在のプーチンからはとても考えられんよ。

井上　第2の間違いは、NATOが1999年のコソボ紛争の際に行ったセルビア空爆が、ロシアに対するNATOの軍事的脅威を増大させたという主張です。

当時の状況を整理すると、そもそもセルビア空爆は重大な問題を孕んでいました。なぜなら、セルビアへの軍事介入はNATO加盟国を防衛するものではありません。そのため、北大西洋条約第5条が規定する集団的自衛権ではとても正当化できず、国連安全保障理事会の承認が必要だったのです。ところが、安保理決議を経ずに空爆は行われ、国際法の開戦法規に違反することとなった。また、NATOのパイロットの安全を優先して、地上からの対空砲が届かない高空から空爆した結果、爆撃の精度が落ち、多くの民間人が犠牲になりました。これは国際人道法の交戦法規に違反している。さらに言えば、民間人への無差別殺戮や住民の強制移動などの大掛かりな人権侵害はセルビア人も受けていたのに、「民族浄化に狂う悪魔」のレッテルを貼ってセルビアだけを悪者扱いし、空爆を加えた。

こうした多くの点でセルビア空爆は非難されるべきだが、「NATOがロシアの勢力圏に対して空爆を行ったことで、ロシアの安全保障に脅威を与えた」と見なすのは大間違いです。そもそも、チトー(1892~1980年=ユーゴスラビア社会主義連邦共和国初代首相。後に終身大統領)体制下の旧ユーゴスラビアは、ソ連から自立した独自の社会主義国家を樹立し、スターリン(1878~1953年=ソ連共産党中央委員会書記長・最高指導者)とも対峙しており、ロシアがソ連から継承した「縄張り」ではない。それだけでなく、旧ユーゴスラビアの分裂過程で起きた民族間抗争に、NATOが軍事介入したのは、ジェノサイド(集団殺戮)に対処するためで、いわゆる人道的介入だった。軍事介入のやり方には重大な問題があったにせよ、1994年、内戦中に部族対立から少なくとも50万人以上が虐殺されたルワンダの悲劇を繰り返さないという意図のもとで行われたもので、ロシアを圧迫することを狙ったものではありません。

NATOの内情を見透かすように次々と派兵を決めたロシア

いずれにせよ、第1の問題点として触れたプーチンの親NATO的姿勢や、イワノフ国防相に「分裂し弱体化したNATOに加盟する価値なし」と言わしめたロシア政府のNATO観は、2000年代初頭、セルビア空爆後間もない時期に示されたもので、「セルビア空爆がロシアに対するNATOの軍事的脅威を高めた」という見方を反証するものです。

第3の問題点は、「NATO東進帰責論」が、プーチンが大統領に就任して以降のロシアとNATOによる軍事行動の評価を誤っていることです。旧ソ連構成国のようなロシアの勢力圏での軍事行動に関して言うなら、「攻めるプーチン、自制するNATO」という見方が正しい。確かにNATOはコソボ紛争の後、2001年のマケドニア紛争、2001~2021年のアフガニスタン紛争、そして2011年のリビア内戦に軍事介入していますが、これらの国々はロシアの勢力圏

ソ連崩壊以降にNATO加盟を模索した国々

1991年　ソ連崩壊。ワルシャワ条約機構が解体。ウクライナ独立
1994年　「ブダペスト覚書」調印。核放棄後のウクライナの安全が保障される
1998年　コソボ紛争。1999年、NATOがセルビア空爆
1997年　「NATO・ロシア基本文書」調印
1999年　ロシアが反対するなか、ハンガリー、チェコ、ポーランドがNATO加盟（第1次東方拡大）
第2次チェチェン紛争。プーチン首相の主導でロシアが軍を派遣

2000年　プーチンが第2代ロシア大統領に就任
2001年　マケドニア紛争にNATOが軍事介入
アフガニスタン戦争。多国籍軍にNATO参加
2002年　NATO・ロシア理事会（通称・NATO20）設立。ロシアはNATO準加盟国の扱いに
2003年　バラ革命。旧ソ連構成国のグルジア（ジョージア）で親欧米政権が誕生
2004年　オレンジ革命。旧ソ連構成国のウクライナで親欧米政権が誕生
2007年　バルト三国、スロバキア、スロベニア、ブルガリア、ルーマニアがNATO加盟（第2次東方拡大）
2008年　ロシア・グルジア紛争（南オセチア紛争）
ウクライナのNATO加盟が見送られる。将来の加盟については合意
2009年　アルバニア、クロアチアがNATO加盟

2011年　リビア内戦にNATOが軍事介入
2012年　プーチンがロシア第4代大統領に就任（2008~2012年は首相）
2014年　ロシアがクリミアを併合。ドンバス紛争。親ロ派のドネツク人民共和国、ルガンスク人民共和国がウクライナから独立宣言
ミンスク合意（「ミンスク1」）。ドンバス紛争で和平合意
2015年　「ミンスク1」の失敗後、再度、停戦合意（「ミンスク2」）がなされるも、親ロ派勢力に完全に破られる
2017年　モンテネグロがNATO加盟

2020年　北マケドニアがNATO加盟。この年までに「旧東側陣営」の14か国がNATO加盟
2022年　ウクライナ戦争
2023年　スウェーデン、フィンランドがNATOに同時加盟の見通し

とは言い難い。

一方、ロシアは1999~2000年の第2次チェチェン紛争でロシア国内の独立派勢力を潰しただけでなく、対外的にも、バラ革命後のジョージアに対する2008年のロシア・グルジア紛争(南オセチア紛争)、マイダン革命後のウクライナに対する2014年のクリミア併合、並びにドンバス紛争と、かつてのソ連構成国で民主化の動きがあると軍事介入し、親ロ派の新国家を分離独立させたり、併合してきた歴史がある。ロシアのこうした動きに対して、NATOや欧米諸国は経済制裁こそ加えたものの、軍事介入は控えてきた。2000年以降のロシアとNATO・欧米諸国の関係を振り返れば、ロシアの勢力圏内で軍事的攻勢に出たのはむしろロシアのほうで、NATOや欧米諸国はロシアに対して軍事的には宥和的だったと言っていい。

実は、ジョージアもウクライナもNATOへの加盟を希望し、2008年のNATO首脳会議で2国の加盟が審議されたが、石油や天然ガスでロシアに依存しているフランスとドイツが反対したので、ジョージアとウクライナのための「加盟行動計画」は採択されなかったのです。ロシアは、そんなNATOの内情を見透かすように、国際的にはジョージア領とされる南オセチアに兵を送り、南オセチアとアブハジアの親ロ派支配地域の「独立」を承認。2014年にはクリミア併合も強行しました。

エネルギー資源をロシアに依存する欧州諸国が軍事介入に後ろ向きであったのは事実だが、このとき米国のオバマ大統領(当時)は「米国はウクライナで軍事行動に関わるつもりはない」とまで明言しています。実のところ、フランスやドイツだけでなく、イラク戦争とアフガニスタン戦争の戦費が重荷になっていた米国も、「新たな軍事介入はしたくない」というのが本音だったのです。

こうした事実に照らし合わせれば、言うような、「NATO東進帰責論」を唱える知識人が言うような、2000年以降にロシアが軍事的攻勢に転じた要因が「NATOの脅威」が増大したことにあるとする主張は明らかに誤っている。欧州と米国の対立で亀裂が広がったNATOの脅威は低下し、欧州諸国だけでなく米国までもが

ロシアの超長距離地対空ミサイルシステム「S-400」は、400km圏内の100個の目標を処理できる多機能レーダーを備え、400km先の6個の目標の同時攻撃が可能。航空機、ドローンはもちろん、巡航ミサイルや弾道ミサイルも迎撃できる[写真 共同通信社]

ロシアの軍事介入に対して非関与主義を明確に示したのを見たプーチンは、むしろNATOをさほど脅威とは感じていなかったはずです。

実は、2019年にプーチンがNATOを軽視していたことを示す決定的な出来事がありました。それが、ロシアが開発した地対空防衛ミサイルシステム「S-400」のトルコへの売却です。射程距離が米国の地対空防衛システム「パトリオット」の2倍以上を誇るこのS-400は、高度のステルス戦対応能力を持ち、6個の攻撃目標を同時に破壊できるとされています。なぜ、これほど高性能の兵器を、NATO加盟国であり、かつ歴史的に何度もロシアと戦争を繰り返してきたトルコに売ったのか？　それはプーチンが、分断の進んだNATOはもはや脅威ではないと見なしていたからでしょう。もし、NATOの結束が強ければトルコが購入したS-400が、ほかのNATO加盟国に転用される可能性もあるわけですから。

実際、ウクライナ侵攻後、米国がトルコにS-400をウクライナに貸与するよう要求している。今のところトルコは応じていませんが、これは、プーチンがトルコにS-400を売却しても心配ないほど、NATOがバラバラで一枚岩ではないと見抜いていた何よりの証でしょう。つまり、ウクライナへの侵略行為を正当化しようとプーチンが訴えた、「NATOの脅威」が差し迫っていたという主張はまったく成り立たないのです。

ロシアが侵攻せずにウクライナへの威嚇を続ければ、NATOは弱体化していた

小林　わしは開戦当初から、今回の戦争がロシアによる侵略戦争であることは明白だと考えていたから、学者や専門家がロシアを擁護する意見を唱え始めたことに違和感しかなかった。だが、井上さんの話を聞いていると、「リアリスト」を自称する連中が全然リアリストじゃないことがよくわかったよ（笑）。

井上　それに関連して言うと、「NATO東進帰責論」の第4の問題点は、前提にしている「リアリスト的プーチン像」が、現実とは異なる単なる幻想だったということです。つまり、「増大するNATOの脅威に対抗して、ロシアの安全を確保する戦略を合理的に追求する政治家」というイメージは、あくまで彼らが勝手に思い描いたプーチン像にすぎず、リアリストなら次はこうするだろう……と予測する「合理的戦略思考」を、そのままプーチンその人に投影しただけのものだった。では、実際のプーチンはどうかというと、今回の戦争が長期化しているのを見ればわかるように、非合理的な選択ばかりしている。

ウクライナ侵攻前の国際情勢を振り返れば、侵攻の半年前の2021年8月、米国はアフガニスタンから無残な撤退を強いられ、その政治的・軍事的威信は地に墜ちた。アフガニスタン侵攻後、20年も続いたイスラム原理主義勢力「タリバン」との戦いに、世界最強の米軍が勝利を収めることができず敗走したのです。しかも、バイデン大統領は「米軍が育成した30万のアフガニスタン正規軍が、タリバンからこの国を守る」と豪語していたが、現実に米軍が撤退すると、その直後にわずか7万5000人のタリバンの攻勢で首都カブールは陥落。アフガニスタン正規軍はあっという間に崩壊した。

トランプ前大統領のあまりのバカさ加減に、米国への信頼は失墜し、欧州諸国は愛想を尽かし始めていたが、それだけにバイデン大統領には期待していた。しかし、アフガニスタンからの撤兵で大失態を見た欧州の失望はさらに深まり、米国と欧州の対立によってNATOの亀裂はさらに拡大することになったのです。そんな状況で、バイデン大統領が「ロシアがウクライナを侵攻する」と機密情報を公表し、NATO加盟国にロシアに対する強硬な対応を要請しても、当然、欧州各国はまともに相手にしなかった。さらに、米国には、イラク戦争を「大量破壊兵器を開発・保有している」との理由で始めたが、そんなものは存在しなかったという前科があったので、欧州各国はこれを米国の〝ガセネタ〟とみなしたわけです。確かに、ウクライナの国境付近に駐留するロシア軍は増強されていたが、欧州諸国はこれを欧州に接近するウクライナへの単なる脅しとみなし、実際に侵攻するなどとは考えなかった。

実は、侵攻せずに、「侵攻の威嚇」によってウクライナに軍事的圧力をかけ続けるほうが、ロシアにとって極めて合理的な戦略だったのです。というのも、ロシアの侵攻に備えて欧州にウクライナへの支援を要請する米国と、石油や天然ガスを依存するロシアを刺激したくない欧州とのあいだの溝をさらに深め、NATOの亀裂を拡大して弱体化することができたから。実際、欧州諸国はこれをロシアによるNATOの弱体化戦略と見て、「戦争の威嚇は、戦争それ自体より破壊的でありうる」と恐れていました。

ところが、プーチンは本当に実行してしまう。その結果、「米国はやはり正しかった」ことが証明され、米国の威信は復活し、そのリーダーシップのもとにNATOの結束が強化されたばかりか、非加盟の欧州各国もNATOに協力し、対ロ制裁とウクライナ支援で固く団結したのです。「NATO東進帰責論」が唱える「リアリスト的プーチン像」が正しいものなら、プーチンがこのような非合理な選択をするわけがない。

小林　ウクライナ戦争が勃発して3か月も経たない5月、昔からロシアの脅威に晒されてきた北欧の中立国・スウェーデンとフィンランドが、NATOへの加盟申請を表明した。やはり、どの国もロシアが恐いんだよ。フィンランドなんて、冬戦争(1939年11月~1940年3月)と継続戦争(1941年6月~1944年9月)の二度もソ連と戦い、領土の1割を奪われているからロシアの恐さを知っ

ている。だから、ロシアを刺激しないようＮＡＴＯには接近せず、中立政策を貫いてきた。それは、ウクライナも同様だったが、残念ながら今回、ウクライナはロシアから侵略を受けることになる……。

プーチンの思想＝ユーラシアニズム。その正体は攻撃的拡張主義

何をしでかすかわからない国が隣にあったら、ＮＡＴＯなどの軍事同盟に加盟して自国の安全保障を確保しなければ安心できない。「ＮＡＴＯ東進帰責論」はＮＡＴＯの東方拡大がロシアを追い詰めたと言うけれど、それ以前にロシアは周辺の国々にとって厳然たる脅威なんだよ。そうでなければ、スウェーデンやフィンランドで核シェルターの人口カバー率が70％に達したりはしない。スウェーデンでは１９８０年代から学校教育にメディアリテラシーを採り入れ、フェイクニュースを生徒につくらせたり、ファクトチェックの方法を教えたりしているが、こうした備えはすべてロシアの脅威が前提となっている。メディアリテラシー教育なんて、是非日本でも導入してほしいくらいだよ。

それにしても、旧ソ連の周辺国が中立政策を維持していくしかなかったのは、台湾と一緒だな。台湾人も対中関係について聞かれたとき、表向きは「現状維持」という言葉を使っていたが、本当のところは独立を望んでいた……。『新ゴーマニズム宣言SPECIAL 台湾論』（２０００年刊行・小学館）を描いたとき、取材に赴いた台湾で李登輝総統（当時 １９２３～２０２０年）と何度も会って話をしたんだけど、あまりに「現状維持」と口にするものだから、わしは「現状維持とか言うな！」って怒鳴ってしまった思い出がある（苦笑）。そのときわしは「中

国に変に受け取られるから、現状維持という言葉はやめたほうがいい」と忠告したんだが、彼は非常に難しい立場だから巧みに言葉を使って、中国からの反発を避けていた。それは台湾の国民も同じで、自分たちも「現状維持」という言葉を使っているし、選挙でも「現状維持」を掲げる政治家を選んでいる。おそらく、ロシアの周辺諸国も同じような感覚なんじゃないかな。表向きは中立を標榜しているが、内心ではロシアを恐れていて、いざというときのために備えを怠らないんだよ。

井上 確かに、ロシアを恐れるフィンランドやスウェーデンと、中国を恐れる台湾には通底するものがある。ただ、北欧諸国は独立した主権国家として国際的に認知されているのに対して、台湾はそうでないという点で、北欧諸国より脆弱です。ウクライナは独立した主権国家ですが、では北欧諸国と同じかというと、事情は異なる。ウクライナがロシアから受けている脅威は、台湾が中国から受けている脅威に近い。ロシアはフィンランドやスウェーデンに対して、NATOに加盟しなければ「緩衝国家」(大国の間に位置し、その衝突を防ぐ役割の国)として領土の保全を認めるという姿勢だが、ウクライナに対してはNATO加盟を断念すれば緩衝国家として生き延びることを認めるというわけではないのです。

緩衝国家化してもウクライナはロシアに侵略されていた

実は、侵攻の8か月前、2021年7月にプーチンは「ロシア人とウクライナ人の歴史的一体性」という論文を発表し、ロシアとウクライナは一つの民族であるがゆえに、ウクライナの真の主権はロシアとの同盟のなかでこそ可能になると主張していました。要するに、ウクライナは偉大なロシアの一部であり、ロシアから独立した主権など存在しないと言っているに等しい。プーチンのこうした主張の基盤となっているのが「ユーラシアニズム」です。この思想は、ロシア正教によって結束したロシア民族がユーラシア大陸全体を支配する帝国を建設し、自由主義や民主主義や、これと妥協した西方キリスト教会のような退廃的な西側の思想の影響から、欧州を解放することこそがロシアの歴史的、文明的使命であると説いている。

ユーラシアニズムにもさまざまな形態があり、現在、ロシアの政治・軍事エリートのあいだで広まっているのは「ネオ・ユーラシアニズム」と呼ばれ、欧米諸国やNATOと対抗することを説くものの、勢力圏の均衡による共存を図るような政治的リアリズムではない。その正体は、宗教的・文明的イデオロギーと結合した攻撃的で拡張主義的なロシア帝国主義思想です。そして、この思想によれば、ロシアにとってウクライナは戦略的に必要な「緩衝国家」などではなく、本来「ロシアの一部」であり、ロシアに吸収されるべき存在なのです。だから、ウクライナは緩衝国家として生き延びる淡い期待など持ちようがない。この点こそが、NATOに加盟しない中立政策で国

WORKING TOGETHER FOR A SAFER WORLD

1994年、ブダペスト覚書を交わすウクライナのクラフチュク大統領、ロシアのエリツィン大統領、米国のクリントン大統領（すべて当時）。ウクライナはソ連時代から引き継いだ核兵器を放棄する見返りに、2大核保有国に対し自国の安全保障を約束させるものだったが、その後、ロシアが一方的に約束を反故にすることに　［写真 Ukrinform／共同通信社］

家としての自己保存を追求してきたフィンランドやスウェーデンと、ウクライナの最大の違いなのです。小林さんが言うように、ウクライナがロシアを恐れていたのはその通りですが、本当に恐れたのは緩衝国家化への圧力ではなく、ウクライナを呑み込もうとするロシアの帝国主義的野心だった。だから、ウクライナは国家として生存するためにNATOへの加盟を求めたのです。皮肉なことに、ロシアのウクライナ侵攻はフィンランドやスウェーデンのロシアに対する恐怖心も強め、両国は長年の中立政策を捨てて、NATO加盟を求める大きな方針転換をするに至りました。

小林　このネオ・ユーラシアニズムはいつ頃からロシアの対ウクライナ政策に影響を及ぼしていたんですか？

井上　1994年のブダペスト覚書の合意をロシアが反故にして、強行した2014年のクリミア併合がその典型でしょう。1991年、ソ連崩壊とともに独立したウクライナには、ソ連時代に配備された核兵器はそのまま残っていた。ブダペスト覚書は、ウクライナの核兵器をロシアに返還する代わりに、ロシアはウクライナの主権と国境を尊重し、武力による威嚇はしないと定めたものです。ところが、2014年にロシアはこれを踏みにじってクリミアを軍事力で併合し、東部ドンバス地方にも軍事介入。そして、武力によってミンスク合意をウクライナに押しつけました。このミンスク合意によって、ロシアは親ロ派住民の多いドンバス地方のドネツク州、ルハンシク州に強力な自治権を付与したが、この自治権にはウクライナがNATOに加盟するときの拒否権まで含まれていたのです。

ロシアは、ウクライナによるミンスク合意の不履行を侵攻の口実の一つにしているが、ミンスク合意は「武力による威嚇はしない」というブダペスト覚書の約束をロシアが一方的に踏みにじり武力を背景に押し付けたもので、そもそも正当性がまったくない。しかも、ロシアは「ウクライナの主権と領土を尊重する」ブタペスト覚書も反故にして軍事介入したのだから、仮にウクライナが履行したとしても、ミンスク合意はロシアがさらなる領土簒奪に進むためのステップになるだけ。ウクライナが恐れるのは当然でした。日本にも「ウクライナが緩衝国家として生き延びたかったのなら、ミンスク合意を履行すべきだった」という意見があるが、これは、ロシアが２０１４年にブダペスト覚書を蹂躙してクリミアを併合し、ドンバス地方に軍事介入したという事実を無視し、ロシアの脅威が単なる緩衝国家になれという程度の圧力ではなく、吸収合併を目論む圧力だということを見すごした暴論と言っていい。

その後、２０１５年に調印されたミンスク２は、ＯＳＣＥの監督のもと、フランスとドイツが仲介したのだから、ロシアもこれを遵守する見込みがあったとして、ウクライナに非があるとする向きも

保守派言論人は性善説なのか、バカなのか ロシアに領土的野心があると思っていない

ある。だが、これも事実認識がまったく誤っている。第１に、ミンスク２による停戦が発効した後も、分離独立派はウクライナ軍がすでに掌握していたドネツクとルハンシクを結ぶ交通の要衝の攻撃を続け、ウクライナ軍を撤退させた。ミンスク２を死産に追いやったのは親ロ分離独立派なのです。第２に、１９９４年のブタペスト覚書も、ＯＳＣＥの会議の場で米国と英国がロシアとともに署名し、フランスと中国も別文書でウクライナに個別の安全保障を与えている。英米仏中という、核保有国で安保理常任理事国でもある４つの強国が関与する合意を破ったロシアが、フランスとドイツが仲介したからといってミンスク２を遵守するなどというおめでたい夢を抱くほどウクライナは愚かではない。

　結局、ロシアの狙いはウクライナを緩衝国家にすることなどではなく、ゼレンスキー政権を倒してウクライナを傀儡国家にすることだったのです。実際、ロシアの狙いがこうだったことは、すでに明らかになっています。開戦からほどなく、ロシアは停戦の条件として、ウクライナの非武装化と中立化、すなわちNATOへの非加盟を提示し、ゼレンスキー大統領は非武装化は拒んだものの、中立化という条件を呑んだ。ところが、ロシアは交渉に応じる姿勢を一切見せなかった。最近の報道では、ウクライナは開戦前、侵攻をやめさせるためにNATOに加盟しないという条件を呑む意思をロシアに示したのに、プーチンはこれを無視して侵攻に踏み切ったことが伝えられています。つまり、もはやNATOへの加盟さえ、今回の侵攻とは何の関係もない。ロシアはウクライナを奪いたいから侵攻したにすぎない。フィンランドやスウェーデンより遥かに厳しい立場に、ウクライナは置かれていたのです。

小林　日本の保守派言論人などは、ウクライナはロシアの緩衝国家になっていればよかったのに……程度の感覚なんですよ。性善説なのか、バカなのか。そもそもロシアにウクライナを吸収・合併する領土的野心があるとは考えていない。でも、緩衝国家になればいいというのもおかしな話だよ。主権国家なのだからその国自らが選ぶことで、第三者が「ウクライナは緩衝国家になればよかった」と評すること自体、不遜な態度だ。

ウクライナに防弾チョッキを送った日本は戦争当事国になった

井上　日本人の能天気さをよく表していますね。ウクライナで起きていることは日本にとって対岸の火事や他人事ではない。すでに戦争の当事者なんですよ。日本はアジアで真っ先に欧米の対ロ経済制裁に参加したうえに、ウクライナからの軍事支援の要請に応じて、防弾チョッキや監視用ドローンを提供している。日本政府はこれらを「防衛装備品」ではないと言うが、こんな理屈は国際的にはまったく通用しない。防弾チョッキは護身具だが、立派な戦闘用装備だし、監視用とはいえドローンは最新兵器であり、攻撃用に改造することも可能です。

　欧米がウクライナに供与している破壊力の高い高性能の武器に比べれば、日本の支援は微々たるものに見えるかもしれないが、戦争放棄を定めた憲法9条を持ち、武器輸出に極めて慎重だった日本が経済制裁にとどまらず、ウクライナへの軍事支援に協力したわけです。この事実は、日本が欧米の「反ロシア共同戦線」に参加する強い意思を、従来の平和主義的な制約を断ち切ってまで示した政治的決断として、国際社会は受け止めている。欧米やウクライナはもちろん歓迎しているが、すでに日本を「敵対的国家」のリストに載せていたロシアにとっては、日本が欧米諸国と同様に完全に「敵国」になったことを意味します。

そんな兆候はすでに表れている。ウクライナ戦争が開戦して間もない2022年4月4日、ロシアの体制内野党「公正ロシア」の党首で、過去にロシア上院議長を務め、プーチンに近いとされるセルゲイ・ミロノフが「北海道はロシアのもの」と恫喝する発言をしていたことが報じられました。日本ではこれを多くの人が「ただの脅し」とか、「狂気の発言」と一蹴したが、ミロノフの発言の主眼は北海道の領土主権がロシアにあると主張することなどではない。重要なのは、ミロノフが「日本の政治家が第2次世界大戦の教訓と、関東軍の運命（＝大戦末期に参戦したソ連軍によって壊滅させられた）を忘れていないことを望む」と語り、「さもなければ、記憶を呼び起こさなければならないだろう」と警告し、ロシアが日本本土を侵攻する可能性を示唆したこと。つまり、この発言は「ただの脅し」などではなく、ロシアが歴史的に日本に対して実行してきた侵略の再現を示唆するものだということです。

対ロ宥和論者は日本が北方領土を略奪された歴史を忘れている

第2次世界大戦終了直前から直後にわたるソ連（ロシアの前身）の暴虐な日本侵攻について、小林さんも前巻の『ウクライナ戦争論』で詳細に描いておられますよね。私も拙著『ウクライナ戦争と向き合う ―プーチンという「悪夢」の実相と教訓』で触れています。多くの日本人は長年にわたる平和ボケで麻痺しているんでしょう。「第2次世界大戦の教訓を想起せよ」というミロノフの警告は「恫喝発言」であると同時に、平和ボケした日本人にロシアの危険性を自覚させるための適切な助言でもあった。「ただの脅し」などと楽観している日本人は、なぜ日本が第2次世界大戦で無条件降伏したか、まったくわかっていない！

1945年8月6日、広島に人類史上初めて原爆が投下された後、8月8日にソ連は日ソ不可侵条約を一方的に破棄して日本に宣戦布告。9日に参戦すると、当時日本領だった満州（中国東北部）や朝鮮半島の北部を征圧しただけでなく、火事場泥棒的に北方領土を奪った。さらに、南樺太や千島列島だけでなく北海道にも進軍命令を出し、8月15日に日本が降伏した後も攻撃を続け、連合国と日本が降伏文書に調印した9月2日以降も戦闘をやめようとしなかったのです。日本軍がソ連軍に激しく抗戦を続けたのに加えて、8月16日に出された日本への停戦命令の実現を図る連合軍最高司令官ダグラス・マッカーサー（1880～1964年）の要請もあり、米軍が戦地に入ったことで、ソ連は北方領土を完全征圧した9月5日にようやく戦闘を停止する。もし日本の降伏が8月15日より遅れていたら、ソ連は、北海道はもちろん、東北地方まで進軍して征圧し、この国は朝鮮半

だが、日本にとって
占守島の戦いは、
大東亜戦争
最後の大勝利であり、
侵略者から
国土を守った
偉大な戦いであったと
記録せねばならない。
この戦いが
戦後長らく
忘れられていたことを
英霊に詫び、
感謝を捧げようではないか。

前巻『ゴーマニズム宣言SPECIAL ウクライナ戦争論』の最終章には、2005年に出版した『挑戦的平和論-ゴーマニズム宣言EXTRA』下巻に収録された「占守島の戦い」を特別再録。ソ連の卑劣な侵略行為に勇気をもって応戦した池田末男大佐率いる「士魂部隊」の物語を描いている

島のような分断国家になっていた可能性が十分にあった。

多くの日本人は、日本が降伏したのは原爆を投下されたからと考えるが、それは米国の言い分。原爆が投下された当時の死者は広島が9万人、長崎が5万人だが、それより前の東京大空襲では一夜にして10万人超が死んでいるし、大阪はB29爆撃機100機以上による大空襲を8度も受けており、ほかにも大規模な空襲を受けた都市は少なくない。誤解を恐れずに言えば、当時の日本政府はある意味、大規模な空爆によって多数の死者が出ることに麻痺しており、原爆投下は降伏の理由にならなかった。決定的だったのは8月9日のソ連の参戦です。日本が降伏を急いだのは、実のところ、火事場泥棒のように領土を奪おうとするソ連軍を米軍に止めてもらうためだった。

サンフランシスコ講和条約が発効し、米軍の占領統治が終了した後、日本は日米安保条約を結び、反共の防波堤としてソ連の脅威に備えた。軍事的な対米従属の問題はあるにせよ、当時の日本がソ連の脅威から身を守るには仕方なかったでしょう。そもそも、ソ連は対日講和条約に調印さえしていないし、現在のロシアもそれは同じ。こうした立場の日本から見れば、現在のウクライナがロシアの領土的野心から自国を守るために、NATOへの加盟を望むのは当然なのです。

ところが、対ロ宥和論者は、日米安保条約で米国に守ってもらっているのと、ウクライナがNATOへの加盟を希望することが同根であることすら理解していない。そればかりか、ほんの80年ほど前にロシアの前身であるソ連が北方領土を略奪したことさえ忘れ去り、「プーチンに妥協してやればロシアもそれほど悪いことはしない」などと考えている。能天気もいいところで、信じられない! 小林さんの怒りに、私も共振していますよ。

小林　映画館に行くたびに流れていた北方領土の政府広報はいつの間にか見なくなってしまったが、若い世代は、もう北方領土を日本固有の領土とは思っていないんじゃないか？　こうなってしまったのは、政治が何もしてこなかったからにほかならず、平和ボケはもはや国家的危機のレベルにまで達している。

安倍晋三総理（当時）とプーチンの首脳会談は実に27回を数え、数時間単位の遅刻を繰り返すプーチンに何度も待たされているというのに、2016年の首脳会談では、安倍総理がプーチンを自分の地元である山口県に招いて温泉巡りのアテンドまでしていた。あのときは、日本はいつからロシアと「友好国」になったんだ?と呆れ果てたが、人がいいのにもほどがあるレベルだ。

ただ、プーチンには〝人たらし〟なところがあって、安倍総理だけじゃなく、鈴木宗男参議院議員や元外務省主任分析官で作家の佐藤優などは、完全にプーチンに取り込まれて、『朝まで生テレビ』（テレビ朝日系）で北方領土がテーマのときなんて、鈴木宗男が延々とご高説を開陳して、それを田原総一朗が黙って聞いている。それが、もう退屈で退屈で……。ロシアは戦後も一貫して警戒すべき国ですよ！　日本はこの厄介な隣人にどう対峙したらいいのか、前もって議論を詰めておかなければいけない。

欧州での戦争後、「まわれ東」をするロシアの歴史的習性に警戒

井上　ロシアの動向にしっかり対処するには、日本人の「歴史的健忘症」を克服することが必要です。第2次世界大戦末期、ソ連が日本に軍事的な矛先を向けたのは、ナチス・ドイツの降伏で欧州の戦線が終結した後でした。歴史を遡れば、ロシアは欧州で戦争を終えた後に、アジアで新たな戦端を開く。つまり、「まわれ東」で牙を剥いてきたのです。実際、19世紀中頃のクリミア戦争でも、ロシアは「まわれ東」のパターンを実行していた。オスマントルコ、英国、フランスの連合軍と戦って敗れたロシアは東方に矛先を向け、幕末で動乱している日本での権益を狙って対馬に軍艦を停泊させて居座り、基地建設を企てたりしている。また、領有関係が曖昧だった樺太（サハリン）に軍艦を送って圧力をかけ、1875年の樺太千島交換条約で樺太すべてをロシアの領土にした。小さな千島列島と樺太では面積も資源量も樺太の方が圧倒的に大きく、これはロシアが軍事的圧力で日本に呑ませた不等価交換にほかならない。だからこそ、日露戦争後に日本は樺太の南半分を取り返したわけです。

現在、ウクライナと戦争中のロシアが戦争終結後、軍事力と経済力を立て直し、「まわれ東」で今度は日本に対して軍事攻撃を仕掛け、ウクライナで叶わなかった領土的野心を満足させようとする可能性は十分にあります。我われは「北海道はロシアのもの」と発言したミロノフの警告から、こうした危険性を感じ取る嗅覚を研ぎ澄まさなければいけない。ウクライナとの戦争が継続しているうちはロシアに日本を攻撃する余力などないので、

ミロノフの発言はブラフにしか聞こえないかもしれません。だが、中長期的視点に立てば、ロシアが日本を攻撃する可能性を決して無視できないのです。

ウクライナ戦争は国民の不満をそらすための「プーチンの自己保身戦争」にほかならない

実際、ウクライナ戦争勃発後の2022年3月、ロシア海軍の艦艇6隻がサハリンと稚内の間の宗谷海峡を通過して、日本を威嚇している。4月にも15隻の艦艇と航空部隊が参加する大規模演習を日本海で実施し、さらに5月にはロシア太平洋艦隊の艦船が日本海で最新型の対潜ミサイルの発射演習を行った。もちろん、これらは現時点では威嚇にすぎないが、ロシアが近い将来、何を目論んで日本を威嚇しているのかを、日本人は真剣に考える必要がある。

不気味な話ですが、現に、ロシアには日本を侵攻する計画があったという。ロシアのFSB（連邦保安庁）職員のリークによれば、ウクライナ侵攻前の2021年8月、ロシアは日本に対して軍事紛争を仕掛けようと、かなり真剣に準備をしていた。この後、標的がウクライナに変わり、戦争が勃発したわけですが、日本侵攻とウクライナ戦争についてロシアが描いたシナリオはそれほど変わらず、プロパガンダによって日本に「ナチス」「ファシスト」のレッテルを貼り、これを口実に侵攻するというものでした。

　このリーク情報を裏づけるように、2021年8月にFSBは、第2次世界大戦中に日本の特殊部隊が旧ソ連国民を拷問していたとする文書や写真などの機密を解除。「残忍な日本はナチズムに傾斜する」と、ロシア国内で反日キャンペーンを展開するのが目的だったと内通者は明かしている。そして、8月16日には「大戦中、日本は細菌兵器を開発するため、ソ連軍の捕虜に対して残酷な人体実験を行っていた」という報道が大量に流され、国内世論を誘導していた。

　これが本当に内部告発の情報かどうか裏は取れていないものの、FSBに精通するオープンソース調査報道機関「ベリングキャット」は「本物」と認めています。ベリングキャットは、2014年にドンバス紛争中に起きたマレーシア航空機撃墜事件が親ロ派による誤射だったことや、ウクライナ侵攻後に起きたブチャの虐殺がロシア軍によるものだったことを突き止めるなど、一定の信頼性はあると考えてもいいでしょう。

　日本侵攻計画が本当だとすれば、ロシアの脅威がいかに日本にとって深刻かを示すと同時に、プーチンのウクライナ侵攻の真の狙いが何かについて拙著で示した私見の傍証にもなります。つまり、プーチンは、「盗賊国家」の首領として行ってきた専制と腐敗に対して高まりつつある国民の不満をそらし、民族的情念を昂揚させて国民の結束を固め、反対勢力を裏切り者として弾圧し、自身への国民の忠誠心を再強化するために、戦争という手段に打って出た。すなわち、ウクライナ戦争は「プーチンの自己保身戦争」にほからならないということです。

　プーチン大統領の1期目から2期目までは(2000~2008年)、エネルギー資源価格の高騰によってロシア経済は急成長し、支持率も高かった。だが、リーマンショック以降、経済は低迷を続け、これに加えて不正選挙や政敵の暗殺、「プーチン宮殿」に象徴される不正蓄財などの多くの腐敗が暴露され、プーチンの権力基盤は弱体化している。ロシアの世論調査は操作されており、表向きの数字には表れないものの、国民の支持は特に40代以下の若年層で低下しています。

「サハリン2」は、サハリン島北東部の石油・天然ガスなどの資源開発プロジェクトだ。日本からは三井物産、三菱商事が出資。世界最大規模の石油企業の英シェル社はウクライナ侵攻後に撤退したが、日本政府は権益を維持することを決定。日本の危機意識の欠如が露わになった ［写真 共同通信社］

　さらに、ジョージア(グルジア)のバラ革命(2003年)、ウクライナのオレンジ革命(2004年)とマイダン革命

（2013〜2014年）など、旧ソ連構成国で民主化が進み、これと呼応してロシアでも民主化勢力によるプーチン体制批判運動が頻発。これに対してプーチンは弾圧を強化すると同時に、対外戦争で国民の支持の浮揚を図る手段に打って出たのです。2008年の南オセチア紛争では、南オセチアとアブハジアをジョージアから〝独立〟させて親ロ派傀儡政権を樹立し、2014年にはウクライナからクリミアを奪ってロシアに併合。これらの戦争とその戦果により、国民の大統領支持率は再び上昇しました。

イラクやアフガニスタンでの米国の一方的な軍事介入は挫折し、トランプの暴走で米国の威信や指導力が失墜するなか、欧米の溝が深まってNATOの結束が弱まると、2024年に大統領選を控えるプーチンは、再び戦争という手段で国民の支持を高める好機が到来したと判断したわけです。日本侵攻計画が示唆するのは、侵攻対象は「NATOに接近するウクライナ」でなく「極東の日本」でもよかったということ。つまり、「NATOの脅威からロシアを守る」という開戦理由は初めから虚偽だったのです。

開戦後も敵国との資源開発を継続。問われる日本の危機意識

ウクライナと並んで日本が侵攻の候補となったのは、第2次世界大戦でファシスト勢力であったドイツ・イタリアと同盟を組んだ日本は、ロシア人の民族主義的敵愾心をプロパガンダで昂揚させるのに好都合な国とロシアにみなされているからでしょう。今回の日本侵攻計画の真偽は別にしても、こんな話が流布する背景にはロシアのこうした日本観が横たわる。19世紀半ばのクリミア戦争後、そして第2次世界大戦終結前後と、二度もロシアの「まわれ東」の攻勢に晒された日本は、ロシアの好戦的欲望の餌食として狙われやすい国だということを私たちは自覚する必要があります。今回のウクライナ戦争でロシアは相当疲弊するだろうから、戦争終結直後に「まわれ東」をする余力はないでしょう。しかし、ロシアが国力を回復させ、さらにプーチンないし〝2代目プーチン〟的な指導者による支配体制が続くなら、ウクライナ戦争で苦戦した恨みを日本で晴らすため、あるいはウクライナで得られなかった利益を埋め合わせるために、ロシアがまたもや「まわれ東」する危険性は、繰り返しになりますが、十分にあるのです。

小林　ところが、すでに日本はこの戦争の当事者になっているというのに、危機感がまったく欠如している。日本企業が参画するロシア極東の石油・天然ガス開発事業「サハリン1」「サハリン2」を巡っては、開戦から1か月ほど後の3月

31日、岸田文雄総理が「撤退しない方針」を早々と明言した。井上さんが指摘したように、日本は欧米諸国の「反ロシア共同戦線」に参加しており、ロシアとは敵同士の関係。いまだに敵国を相手に商売を続けているのも問題だし、これはエネルギー安全保障の問題でもある。

井上　ウクライナ戦争の開戦後、米国のエクソンモービルや英国のシェルがサハリン・プロジェクトからの撤退をいち早く決定し、世界が日本の動向を見守るなか、国内の参加企業や経団連などの経済団体、そして政府も残留方針を決めた。驚くべきはその理由で、「エネルギー供給源として重要」というにとどまらず、「日本が撤退しても対ロ経済制裁の効果は乏しく、仮に日本が撤退すれば代わりにロシアや中国の企業が参入するだけだ」というものでした。日本の政財界はこの問題の本質をまったく理解していない。問題は対ロ経済制裁として有効かどうかではなく、欧米や日本に対するロシアの経済制裁のダメージをいかに最小化するかが重要なのです。

ダメージの最小化とは、どういうことか。もともとサハリン・プロジェクトは、ロシアが外国企業に開発投資を行わせて、その後、権益の半分をロシア国営企業ガスプロムに強制的に移転させる強引なスキーム。欧米や日本が「反ロシア共同戦線」に参加している以上、ロシアが報復として、欧米や日本企業の権益を接収することは当然予想された。だから、欧米の企業はロシアに接収される前に、保有する施設や権益をなるべく高く買ってくれる外国企業に売却して、損失を最小限に抑えようとしたわけです。

案の定、2022年6月、プーチンはサハリン2を運営するサハリン・エナジーの資産を、ロシア政府が新設する運営会社に全面移転する大統領令を発出しました。その内容は、新会社で外国企業が従来と同じ比率の株を保有できるかどうかは、ロシア政府の承認が条件となり、承認されない場合は外国企業の株の売却先はロシア法人に限定されるというもの。これは、日本企業が新会社の株を継続保有することをロシア政府が認めなかった場合、日本企業の持ち株はロシアの言い値で買い叩かれることを意味します。

今後、ロシアはエネルギーを人質に揺さぶりをかけてくるはず

小林　2022年8月31日には、ロシア政府が日本企業の新会社への参加を承認し、表向きは権益が維持されたように映るが、なぜロシアがこれを認めたのか、真意は判然としない。今後、どうしても呑めないような条件をロシアが突きつけてくることも考えられる。西村康稔経済産業相は「非常にいい」などと喜んでいたが、能天気にもほどがあるよ。ロシアの狙いは何なのでしょう？

井上　ロシアが日本企業の権益をこれまで通り認めたのは当然でしょう。というのも、日本のロシアに対するエネルギー依存度を高めることを狙っているからです。サハリン1は主に石油、サハリン2は天然ガスを産出しており、後者は日本が輸入する天然ガスの約8％を占める。

憲法
国民の権利及び義務
第二章　戦争の放棄
第九条【戦争の放棄、戦力及び交戦権の否認】①　日本国民は、正義と秩序を基調とする国際平和を誠実に希求し、国権の発動たる戦争と、武力による威嚇又は武力の行使は、国際紛争を解決する手段としては、永久にこれを放棄する。
②　前項の目的を達するため、陸海空軍その他の戦力は、これを保持しない。国の交戦権は、これを認めない。
第三章　国民の権利及び義務
第一〇条【国民の要件】日本国民たる要件は、法律でこれを定める。

日本国憲法9条は、1項「戦争放棄」、2項「戦力不保持」と「交戦権の否認」の3つの規範で構成され、同時に日本国憲法の三大原則の一つ「平和主義」を規定する。9条を巡っては、保守・改憲派と左翼・護憲派の不毛な対立が今も続く［写真 bassfisher／PIXTA］

北方領土問題で長年にわたりロシアの顔色を窺い、エネルギー自給率が11%と低い日本は、ロシアからすれば格好の標的。エネルギーを武器に、日本に揺さぶりをかけているのです。エネルギーをロシアに依存させておけば、日本は対ロ経済制裁などの圧力を強めることはできない。日本は欧米の「対ロ共同戦線」に参加してロシアを敵にしていながら、戦争当事国の自覚が乏しく、エネルギー供給を敵国に依存し続けたい国だということを世界に発信してしまった……。ロシアにとって与しやすい相手でしょうね。

そもそも、エネルギー供給には鉄則があります。政治体制やイデオロギーは別にして、供給する側は経済的信用を得るために安定供給を続けなければならない。ところが、プーチンは対ロ経済制裁に報復するためEUへの供給を止めた。一方、需要する側は安定供給してくれる信頼を担保できない国にエネルギーを依存してはならない。日本がやっていることは二重、三重に間違えているわけです。EUはウクライナ戦争勃発後、ロシアへのエネルギー依存をすでに大幅に減らし、2030年までに完全脱却するため、水素発電を含む再生可能エネルギーへの政策転換を加速させている。ところが、日本は石油や天然ガス、石炭といった化石燃料による火力発電や原子力発電にいまだに頼ったまま。確かに、太陽光発電や風力発電は安定供給が難しいが、「グリーン水素発電」や地熱発電は安定供給できる再生可能エネルギーであるうえ、日本はこれらの発電を可能にする技術も資源も持っている。にもかかわらず、政府は相変わらず火力と原子力への依存から脱却できていない。

小林　ウクライナ戦争の勃発によって、日本は海洋進出著しい中国と、ここのところミサイルを発射しまくっている北朝鮮という二つの核保有国に加えて、世界

最大の核保有国であるロシアの脅威に晒されることになった。こうした安全保障環境の激変を受けて、政府は防衛費をGDP比2％に増大することを決めたが、これで国の安全を守れるのだろうか。

井上　いくら防衛予算を増やして、巡航ミサイル「トマホーク」など、米国の軍事産業を儲けさせる先端武器を大量に買ったところで、日本は憲法9条、特にその2項がある限り、自衛戦争をまともに戦うことなどできません。日本の保守派はウクライナ戦争を機に安全保障体制の強化を訴え、政府自民党は「専守防衛」の建前のもと、これまで抑制してきた「敵基地攻撃能力」を「反撃能力」と言い換えて、議論の喚起に躍起になっています。ところが、憲法9条の改正については、一応は必要というポーズを取るものの、憲法改正の政治的ハードルの高さから当面は従来通りの「解釈改憲で敵基地を攻撃できる」と押し切るつもりなのでしょう。しかし、解釈改憲では、自衛隊はまともな方法で自衛戦争を戦えない。後に詳しく触れますが、いくら「自衛隊は戦力でない」と言い張ろうと、交戦権行使を否定する憲法9条2項がある限り、日本には自衛戦争を遂行するために必要な「戦力統制規範・交戦法規」を持つことができないからです。

一方、護憲派も、自民党の憲法改正の動きを警戒しつつも、さすがに現下の状況で「戦争放棄を定めた憲法9条のおかげで、日本が他国に侵略されることはない」などと呑気なことは言えなくなっています。「修正主義的護憲派」は専守防衛・個別的自衛権の枠内なら自衛隊を合憲とし、安倍政権より前の保守派と同様の解釈改憲に走っている。また、自衛隊の存在そのものを違憲としてきた共産党のような「原理主義的護憲派」でさえ、専守防衛・個別的自衛権の枠内なら自衛隊の防衛出動を政治的に容認しました。つまるところ、彼ら護憲派は自分たちのイデオロギーに合わせて、平気で憲法を歪曲・蹂躙しているわけで、「護憲派」と名乗るのもおこがましい。彼らの実態は、憲法破壊勢力なのです。しかも、護憲派は憲法9条を固守する限り、保守派の解

釈改憲と同様に、自衛隊はまともに自衛戦争を戦えないという重大な問題を解決できません。

憲法9条2項を温存する限り、自衛隊は危なすぎて使えない

自民党は一応、その「改憲4項目案」のなかで、憲法9条に自衛隊を明記する改正案を示しています。「現行の9条1項・2項とその解釈を維持し、自衛隊を明記するとともに自衛の措置（自衛権）についても言及すべき」という内容で、いわゆる安倍改憲案を踏襲したものです。念のために付言すれば、憲法9条1項は戦争放棄、2項は戦力の不保持と交戦権の不行使をそれぞれ規定している。しかし、9条2項を温存したまま「自衛隊の明記」を加えるだけの「加憲論」と言われるこの改憲案では、解釈改憲と同じように、自衛隊はまともに自衛戦争を戦えないという本質的問題を解決できないのです。

なぜなら9条2項は戦力の保有のみならず、交戦権の行使も否定しており、2項を温存させる限り、憲法に「自衛隊」を書き加えたところで、「自衛隊は戦力ではなく実力組織である。自衛措置は講じるが交戦権は行使しない」という現行憲法下での自衛隊の曖昧な立場をそのまま引きずることになるから。ところが保守派も護憲派も、右も左も憲法9条がもたらす日本の安全保障体制の根本的欠陥がどこにあるのかをまったく理解していない。戦力の保有と交戦権の行使を認めない9条2項がある限り、いかに解釈改憲や加憲で「日本を防衛するための自衛隊の武力行使は可能」と主張しても、自衛隊がまともに自衛戦争を戦うために必要な国内法体系が欠損している状態は温存されてしまう。

国際法を遵守する立憲民主国家の軍隊は、政府による戦力の濫用や軍隊による交戦行動の暴走を抑止するための憲法的・法的統制が課されているが、自衛隊にはこれがない。自衛隊は核保有国以外では首位と見なされるほどの世界有数の軍隊です。自衛隊は軍隊ではなく警察だというのは嘘で、治安出動においては警察を補完する役割を果たすものの、防衛出動においては、日本防衛のための武力行使を一般的に授権された軍隊として行動します。それにもかかわらず、軍隊に課せられるべき法的統制が欠損している。「自衛隊は憲法と法律でがんじがらめに縛られているから、使えない」と言う人が多いが、そうではない。実はまったく逆で、憲法9条2項があるために自衛隊の武力行使を縛る戦力統制規範・交戦法規が欠損している。そのため「自衛隊は使うと危なすぎるから、実際には使えない軍隊」なのです。

なぜ、危なすぎるのか？　理由は大きく二つあります。第1に、現在の国際法の「開戦法規」は国連安全保障理事会の授権がある場合を除けば、国家による正当な戦力行使を自衛目的に限定しています。そして、この限定を各国が国内で保障するためには、自衛目的を超えて戦力が濫用されないよう、軍隊の組織編制や戦力行使の要件と手続きを憲法で厳格に定める必要がある。ミニマムな戦力統制規範としては、戦力行使に対する文民統制と国会の事前承認がこれに当たります。しかし、現実には憲法9条2項によって、「日本には戦力は存在せず、交戦権も行使しない」建前になっているため、戦力統制規範を日本国憲法で定めることができないのです。なぜかといえば、憲法が存在を否定している戦力の行使を統制する規範を、憲法が定めるのは論理的に矛盾しているからです。

第2に、これも同じくミニマムな戦力統制規範だが、民間人への無差別攻撃や捕虜の虐待、中立国への攻撃などを禁じる戦時国際法の「交戦法規」に則って、自衛隊の交戦行動を統制する国内法体系もまた、憲法9条2項によって交戦権の行使が否定されているため存在しないし、存在しえない。当然、軍法や軍事法廷である軍法会議も存在しない。要するに、解釈改憲や単なる「加憲的」改憲では、憲法9条2項が温存される以上、自衛隊を統制する戦力統制規範を憲法に盛り込むことはできず、戦時国際法に従って自衛隊の交戦行動を統制する国内法体系をつくることもできない。だから、自衛隊は「危なすぎて使えない軍隊」のまま放置されるのです。

「加憲」的改憲案の「加憲」部分を拡張して、自衛隊に関する文民統制や国会承認手続きを加える案も自民党内にあるようですが、これも本質的な問題の解決になりません。憲法9条2項を温存する限り、交戦権行使は否定されているわけだから、首相の防衛出動命令に対する国会承認は自衛隊による交戦行動の授権にはなりえない。それどころか、防衛出動命令を審議する国会で「交戦行動ではない実力行使とは何か？」という愚にもつかない問題を巡り、神学論争が延々と戦わされることになる。それでも、戦時国際法の交戦法規を自衛隊に適用するための、国内軍法体系の欠損という問題はそのまま残ってしまう。

現憲法下では自衛隊は武力行使に躊躇し危険に晒される

小林　確かに、これでは自衛隊が万一、暴走したときに歯止めを掛けられない。一方で、イラク戦争や南スーダン紛争で多国籍軍の兵站・輸送任務を担うため、自衛隊が海外派遣されたとき、攻撃された自衛隊が反撃できないような事態にもなっている。自衛隊員の安全を図る術はないものなのか？

井上　小林さんの指摘はもっともで、戦時国際法の「交戦法規」に従って自衛隊を統制する国内法体系があれば、軍隊はネガティブリスト方式（禁止項目以外は許可される）で規制されるので、「これさえしなければ罪に問われない」という

免責規定にもなっている。ところが現状では、自衛隊が武力行使したときに、殺傷行動の免責が保証されるような軍法的統制システムはないのです。自衛隊員はそれを知っているから、法的にも政治的にもリスクが大きすぎて戦場や紛争地にいるというのに武力行使を常に躊躇せざるをえず、自縛状態に置かれている。実際、イラク戦争のとき、他国の軍隊が砂漠に合わせた茶色の迷彩服を着ているのに、敢えて自衛隊員は目立つ緑色の軍服を着て、攻撃の意思がないことを示していたが、それでも攻撃に遭って多くの隊員がＰＴＳＤになり、自殺者も出たという。法的枠組みがないことで、現場の自衛隊員は非常に厳しい立場に追いやられているのです。

　刑法で対処できると主張する者もいるが、まったくのナンセンス。刑法35条は「法令または正当な業務による行為は罰しない」と定めており、自衛隊法に基づいて防衛出動した自衛隊の武力行使は「法令による行為」に当たるから、そもそも刑罰の対象ではない。また、刑法の国外犯処罰規定は過失致死や過失傷害を含まないから、仮にＰＫＯ（国連平和維持活動）で海外に出た自衛隊員が民間人を誤射しても適用できない。もっとも根本的な問題は、解釈改憲ならぬ「解釈法改正」でこれらの法規定を捻じ曲げ、刑法を交戦法規の代用にしようとしても代用にならず、自衛隊の戦闘を不可能にするだけという点です。殺傷行為を原則的に禁じ、正当防衛などに限って免責する刑法と、敵軍との戦闘における殺傷行為を原則的に認め、一定の場合に限って例外的に禁じる交戦法規とは、建前がまったく異なるからです。

　両者の違いがわかりやすい例を挙げれば、「戦闘中に自衛隊員が敵兵を発見したが、向こうはまだこちらに気づいていない」としましょう。交戦法規上は、これを攻撃しても罪に問われることはない。ところが刑法上は、こちらに気づいていない敵兵は何もしなければ通りすぎていくだろうから、自衛隊員に何の脅威も与えてない敵兵を攻撃して殺傷すれば、正当防衛にはならず、殺人罪・傷害罪に問われてしまうのです。自衛隊員がこんな立場に置かれる現状で、自衛戦争などできるわけがありません。

さらに今、「反撃能力」と言い換えられて議論されている敵基地攻撃も、現状のままでは極めて危ない。というのは、総理大臣の防衛出動命令が自衛目的を超えて濫用されるのを抑止する国会事前承認手続きなど、最低限必要な憲法の戦力統制規範も日本には存在しないからです。法律上は、いわゆる事態対処法で国会の承認を求めているが、これは事後承認でもいいことになっている。事後承認の何が問題かというと、総理の一存で敵基地攻撃のために防衛出動命令を出したはいいが、これが誤認だった、あるいは総理がプーチンのように侵略目的で動いた場合です。すでに交戦状態に入っているのに、国会が「総理の防衛出動命令は自衛目的の範疇を逸脱している」から事後承認を認めなかった場合、交戦相手国に「事後承認が認められなかったから戦闘をやめます」と言って、先制攻撃を受けて怒っている相手が「はい、そうですか」と戦闘をやめてくれるわけなどないでしょう。国会の事後承認は結局「追認」にしかならず、国会承認の縛りを形骸化させることになってしまうのです。

誤解のないように付け加えれば、「事前」とは、総理の防衛出動命令に先立ってという意味だけでなく、他国の攻撃に先立って、という意味でもある。当然ですが、攻撃された後で反撃するかどうかを国会で議論するなどという悠長なことをしていたら、国家の防衛などできません。ここで言う事前承認手続きとはこういうものです。他国が日本に武力攻撃を開始する切迫した危険性があるとき、政府はその証拠を国会に提示し、国会が特別委員会などで精査する。そして、武力攻撃事態が発生する十分な根拠があると認定した場合に、他国が攻撃に着手する兆候を示したとき、ただちに防衛出動命令を発出する権限を、国会が総理に事前に授権しておく。この意味での事前承認手続きをさらに迅速化するために、衆参両院がこの問題については合同国会で審

議する「緊急一院制」を設けることも考えられます。もちろん、このような事前承認手続きを整備するには、憲法9条の改正だけでなく、国会に関する憲法の規定の改正も必要になります。

　護憲派は「憲法を改正したら日本は危険な軍事国家になる」などと言うが、今がまさに危険な状態なのをわかっていない。日本は世界有数の武装組織を持ちながら、これをコントロールする法的枠組みが憲法にも法律にもないのですから。

自衛戦争もできず自国を守れない国を他国が助けることなどない

小林　学者のなかには、「敵基地への先制攻撃は現憲法下でもできる」と主張する人もいるし、何なら「憲法改正の必要もない」なんていう意見さえある。

井上　立憲主義や法の支配が何たるかを知らない無責任な暴論ですね。事実として物理的に敵基地攻撃を行おうと思えばできますが、大変なことになりますよ。総理の一存で防衛出動ができるわけだから、好戦的な総理なら自衛権を超えて暴走する恐れがあるし、逆に弱気な総理なら防衛出動命令を出すべきときに出せないかもしれない。私が言う戦力統制規範とは、戦力の濫用を抑止するだけでなく、必要なときには戦力をちゃんと使えるように民主的正統性を付与するもの。そのためにも国会の事前承認で、総理に権限を授権しておくべきなのです。

　「憲法改正をせずとも敵基地攻撃は可能」などという論者は、真正面からの憲法9条改正は面倒だから、小役人的に憲法や法律の「解釈・運用」で対処するのが政治のリアリズムだと勘違いしているのでしょう。日本の安全保障環境が緊迫しているにもかかわらず、こうした小手先のごまかしを弄することで、自衛隊が「危なすぎて使えない軍隊」のまま放置され、日本が抱える安全保障体制の根本的欠陥の是正が先送りされ続けていることに気づいていない。いや、不安に陥りたくないので、目をつぶっているのでしょう。戦後日本で長く隠蔽され続けてきたこの「不都合な真実」を直視し、9条問題を正面から解決するという面倒な課題をあえて引き受けて、日本の安全保障体制の病理を正すことこそが真のリアリズムなのです。

　ただ、こうした論者が保守界隈を跋扈しているのも事実。集団的自衛権の行使を解禁する際、解釈改憲でごまかしてこれを推し進めた安倍政権を擁護するために、彼らはよく「国連の集団的安全保障や友好国の集団的自衛権のために日本が戦わなければ、一朝有事の際、米国や国際社会が守ってくれない」などと主張していた。こうした主張には、今述べた憲法問題に対する「小手先のごまかし」に加えて、国際政治の現実に対する認識の甘さが如実に表れている。

　現状では、日本は他国のために戦うど

ころか、自国を守るために戦うことさえまともにできない。自国を守れない国が他国を守れるはずがない。それだけではありません。ウクライナ戦争はもっと厳しい現実を日本に突きつけています。自国を守れないのに、他国が助けてくれることなどないのです。今般の戦争でウクライナが欧米諸国から多大な支援を受けることができたのは、ウクライナ国民が甚大な犠牲を払いながらも圧倒的な軍事力を持つロシアに徹底抗戦しているから。もしウクライナが簡単にロシアに屈していたら、欧米諸国から見放されたでしょう。こうした国際政治の冷徹な法則を、現代の国際政治のリアリズム派などより遥かにリアルな認識を持っていた政治思想家ニッコロ・マキャベリ（1469〜1527年）は、500年も前に著書で述べています。拙著でも、冒頭で彼の言葉を題辞に引用しているので、少し長いけれどぜひ参照してほしいですね。拙著ではもう一つ、現代の論者から引用した短い題辞も掲げています。簡潔に要約すると、次のような言葉です。

> 自ら助くる者を助けよ。自らの自由のために戦わない者を我われは助けない。
> 　自らのために戦う者を助ける場合でも、彼らに代わって戦うのではなく、彼らが戦うための道具を与えることにとどまりうる。

小林　膠着状態が続いているウクライナ戦争は、現時点（2022年12月23日）でどう終わるのかなかなか見えてこない。12月5日には、開戦以降初めてロシア領内の2か所の空軍基地がドローンで攻撃された。認めてはいないが、もちろんウクライナによる攻撃だろう。領内を攻撃されたロシアは核の使用を示唆しているが、実際にそんなことができるのだろうか？　プーチンは自分が、大北方戦争でスウェーデンに勝利して、領土を拡大した初代ロシア皇帝・ピョートル大帝（1672〜1725年）にでもなったつもりで誇大妄想に取り憑かれているようにしか見えないし、核のボタンを押してしまうリスクはないのか？

核使用を示唆するプーチンの発言がブラフである数々の理由

井上　ロシアが戦術核を使ったら欧米諸国も核で応酬するか、これに匹敵する破壊力の兵器で報復攻撃を行うことになる。ロシアは欧米からの武器の供給路を断つため、ポーランドなど供給ルートになっているNATO加盟国にも反撃せざるをえなくなるでしょう。そうなったら、NATOは直接戦闘行為には参加しないというこれまでの戦争限定方針を覆し、集団的自衛権を行使して直接参戦せざるをえなくなる……。この場合、第3次世界大戦への発展は避けられません。

　つまり、ロシアが核を使用すれば、ロシアの勝利によって戦争の終結が早まるどころか、戦争はさらにエスカレートしてしまう。こうなると通常兵力で劣るロシアは、劣勢を挽回するために戦術核より射程が長く、欧州諸国に届く戦域核や、さらには戦略核たるICBM（大陸間弾

道ミサイル）を米国に撃ち込むところまで追い込まれるでしょう。だが、これらを使用すると「相互確証破壊」のメカニズムによって欧米から核攻撃を受け、ロシアも確実に破滅することになる。ウクライナの反撃に遭い、後退を余儀なくされたロシアは核使用を頻繁に仄めかしているが、核の使用がロシアの自滅へのプロセスであることはプーチンでさえも理解しているでしょう。戦術核の使用を示唆するプーチンの言葉は、見え透いたブラフです。

［写真 Gevorg Ghazaryan / Shutterstock.com］

　気が触れたプーチンが核を使う可能性は否定できませんが、現実的ではない。実際の核使用のプロセスは、プーチン一人が核のボタンを押し、核ミサイルが発射されるという単純なものではありません。核使用の要請を受けた国防相と参謀総長が、これを精査する手続きを経て核は発射される。彼らに法的拒否権はないものの、軍事専門家によれば「プーチンの野望やナルシシズムのために、ロシアが敵国の報復の核攻撃によって滅ぶリスクを軍部が冒すはずがない」という。だから、軍人はプーチンの核使用に抵抗するでしょう。プーチンや国防相だけでなく、軍人である参謀総長までが同時に気が狂う可能性もあるけれど、限りなくゼロに近いので、核が使用されることはまずないでしょうね。

小林　戦争の初期、「ウクライナの非ナチ化」という不合理な開戦理由から、プーチンは精神疾患に罹っているという報道も出たくらいです。そもそも、この戦争の原因はどこにあったのか？　プーチンの自己保身も大きな理由だと思うが、キャラクターによるところも大きいとわしは考えている。プーチンはクマと戦ったり、バカでかいバイクを駆ったり、川をバタフライで泳いだり（苦笑）。ものすごいマッチョなナルシシストで、オウム真理教の教祖・麻原彰晃のような誇大妄想的なヒーロー願望を持っている。ピョートル大帝のようにロシアの版図を広げれば、自分は英雄になれるという妄想が暴走した結果のようにも思えます。

井上　小林さんのおっしゃる「妄想」説

のような見方もあります。前述したように、プーチンの思想的背景に大きな影響を与えたとされているのが、欧米とは異なる文明圏のロシアがユーラシア大陸全体を支配し、欧米に対抗するという「ユーラシアニズム」。これが彼をウクライナ侵攻へと突き動かしたという見方は、欧米の観察者の間ではNATO東進帰責論より有力になっていると思います。実際、プーチンはウクライナ侵攻の少し前から、この思想を自らの論文で唱えている。ただ、繰り返しになりますが、私自身は、この戦争の主因はプーチンの自己保身にあり、ユーラシアニズム的言説はロシア国民のナショナリズムを煽動するためのイデオロギー的な道具として利用しているにすぎず、実のところ、プーチン自身も心底から信奉しているわけではないと思うのです。ロシアは2019年に高性能兵器の「S-400」をトルコに売却したと先ほど言いましたが、もしプーチンがユーラシアニズムを本当に信奉していたら、歴史的に古くからユーラシアの覇権を巡って戦い、現在も黒海を挟んで微妙な関係にあるトルコに売るはずがない。もっとも、プーチンにとってユーラシアニズム思想は道具として極めて便利なうえに心地よいので、お気に入りになっているのでしょうね(笑)。

小林　ウクライナ戦争はプーチンの自己保身戦争だと考えているわしからすれば、プーチンの保身が危うい状況にならなければ戦争は終わらないと思うし、そんな状況をつくれるのはロシア国民だけだ。今後、この戦争はどうなるのだろう?

井上　そもそも、ウクライナ戦争はロシアが一方的に仕掛けたものであり、1989年に侵攻したアフガニスタンでソ連が勝利を収めることができずに退いたように、ロシアの不名誉な撤退でしかこの戦争は終わらない。なぜ、ロシアは勝てないのか?　ロシアの脆弱性についていろいろ指摘しましたが、もっとも本質的理由はロシアがいかにウクライナの領土を荒らし、多くの国民を殺そうとも、ウクライナ国民が降伏しない限りロシアは勝利できないからです。ベトナム戦争で米軍は北爆、枯葉作戦、民間人の集団虐

ベトナム戦争では、米軍と米国が支援する南ベトナム軍が、大量の枯葉剤を撒いたことが後に明らかとなった。ゲリラ戦に手こずっていた米軍は敵が潜む森林を枯死させるために、サイゴン周辺を中心に広く空中散布。400万人以上が曝露したとされる［写真 Shutterstock.com］

殺……と手段を選ばず攻撃したが、南北ベトナムの反米勢力と民衆は降伏せずに抗戦を続けました。結局、米国の開戦の口実となったトンキン湾事件以降10年にわたってベトナムを侵略し続けた世界最強の米軍は、不名誉な撤退を強いられたのです。そして、ウクライナ国民もまた、徹底抗戦を続けるでしょう。

冷蔵庫がテレビに勝ったとき、ロシア国民の覚醒が始まる

もちろん、プーチンとしては、不名誉な撤退をする気などさらさらない。それをプーチンに強いることができるのは、小林さんが言うようにロシア国民だけです。仮にクーデターが起きても、国民の多くがプーチンを支持している限りは成功の見込みはなく、反プーチン勢力が行動に出ることはないでしょう。

政府のプロパガンダによってロシア国民の多くは戦争の実態を知らされず、「ウクライナの脱ナチ化」などという偽の戦争の〝大義〟を信じ込まされている。ロシア軍の犠牲者数や損耗についても厳しい情報統制が敷かれ、本当の死者数を国民は知らない。だが、当初、電撃戦で首都キーウを陥落し、短期間で終えるはずだった戦争が長期化。部分動員令も発出されるにつれ、プーチンの支持率は表向き高止まりしているように見えても、戦争続行の支持率は20〜30％台にまで大幅に下落しています。では、ロシア国民が政府のプロパガンダの嘘に気づき、プーチンの蛮行を止めることはできるのか？　ロシア研究の専門家の多くは悲観的な見方で、今、ロシア国民にそれを期待するのは難しい……。

しかし、今後、ロシア国民が変容する可能性はあるのではないか。２０１５年にノーベル文学賞を受賞したロシアの作

家で、ウクライナ人の母を持つスヴェトラーナ・アレクシェービィッチは、こんな示唆に富んだ言葉を述べています。

「今、ロシア国民は完全に人間らしさを失ったような状態です。しかし、これから経済制裁でロシアの生活が次第に悪化していきますから、テレビ放送と冷蔵庫の戦いが始まります。テレビがこれまでのようにロシア国民に有効であり続けるのは、冷蔵庫がいっぱいのときだけなのです。冷蔵庫が空になれば、人々は起こっていることに対して何らかの反応をするようになると思います」

「テレビ放送」とは政府のプロパガンダの象徴で、「冷蔵庫」とはロシア人の経済生活を意味します。現在、欧米の経済制裁によって、金融システムだけではなく、ロシアの実体経済への影響が大きくなりつつある。本当に暮らし向きが悪くなったときに国民の態度が変わり、戦争に反対する声が大きくなるでしょう。

実際、冒頭でも触れたように、ロシアの貿易収支が黒字だといっても、これは欧米からの輸入が激減したため。ロシアから石油を買っている中国でさえ、ロシアへの輸出は大幅に削減している。ロシアはエネルギー資源の輸出で稼いでも、武器や一般工業製品に必要な部品、特に半導体のような高性能部品が買えなくなっており、経済制裁がボディブローのように効いている。技術者や金融関係者、管理職など、ハイスペック人材の流出も痛手になっている。対ロ経済制裁の効果については拙著でも詳述しましたが、「冷蔵庫とテレビの戦い」で冷蔵庫が勝つのはまだ先になるものの、時間の問題になりつつある。

「プーチン宮殿」をSNSで拡散させた反プーチンの急先鋒・ナワリヌィ

さらに、「テレビ」が象徴する政府のプロパガンダの力にも陰りがみえています。反プーチン運動を先導するアルクセイ・ナワリヌィ（政治活動家・弁護士、2021年に拘束され現在は服役中）をはじめとする勢力による、SNSを利用した情報発信も効果を挙げている。ロシアではfacebook、Twitter、Instagramなどは禁じられているが、テレビを観ない若者向けのプロパガンダを流すときにロシア政府も利用するので、YouTubeは認められています。ロシアの技術者が開発したTelegramも2018年に一旦禁止されたが、政府もプロパガンダに使うため2020年に解禁された。これらのSNSを使って、反プーチン派も政府に対抗する情報をロシア国民に向けて発信している。ロシアが、一部の権力者やエリートが国家資産を着服・私物化する「盗賊国家体制」の国であることは述べましたが、開戦前の2021年1月にナワリヌィがYouTubeにアップした「プーチン宮殿」の贅を尽くした威容の映像は、ロシア最大の「盗賊」がプーチン自身であることを暴露しました。この動画はアップされてから10日と経ずに再生回数が1億回を超えたのです。また、ナワリヌィは現在ロシアの刑務所に収監されているが、彼が組織した運動団体はリトアニアに拠点を

ナワリヌィは2020年8月、FSBの職員と思われる人物から毒殺されかけるも一命を取りとめる。だが、療養先のドイツから帰国後、当局が身柄を拘束。本格的な収監を前に「プーチンのための宮殿」と題した動画を配信した。これが瞬く間に1億回以上再生されることに。2022年10月に支援者らが運営する「ナワリヌィ本部」が活動再開を宣言している
［写真 Gregory Stein / Shutterstock.com］

移して、ロシア政府のプロパガンダに対抗する情報発信を続けており、YouTubeの登録者数は160万人を超える。数が少ないように思えるが、登録者には若者が多いので拡散力が大きく、若年層にはウクライナ戦争の実態がすでに浸透しているのではないか。

　こうした要因から、ロシアでは厭戦ムードが広がりつつある。今後、ロシア国民の大多数が戦争継続の反対をプーチンに突きつけたとき、何が起きるか？　2つのシナリオが考えられます。

　第1のシナリオは、国民の反対があってもこれを無視してプーチンが戦争を継続する場合。その結果、民意の離反が進んで、2024年の大統領選挙で彼が落選するか、選挙不正で乗り切ったとしても、反プーチン勢力のクーデターで権力の座から追われるという展開です。

　前に言ったように、クーデターは実行勢力が国民の支持を相当得られる見込みがなければ試みることができない。民意という味方がいなければ、潰されてしまうリスクが高いからです。だから、現在はそうした動きは期待できないでしょう。クーデターが起きるのは、プーチンが国民から見放され、国家中枢の反プーチン勢力が「民意は我がほうにあり」と確信したときでしょう。第1のシナリオはそういう事態を想定しています。

　第2のシナリオは、プーチンが国民の厭戦機運の高まりを察知して、それがクーデターを誘発するほど高まる前に、ウクライナから軍を撤退するケースです。この場合、客観的には侵攻の目的を十分に達成できない「不名誉な撤退」になるが、プーチンは「ウクライナに十分懲罰を与え苦しめたので、もはや戦争を続ける必要はなくなった。我われは勝利した」というふうなプロパガンダをロシア国民に流し、あたかも「名誉ある撤退」であるかのように見せかけてメンツを保つこ

とになる。

私見では、プーチンが自己保身のために戦争を仕掛けた以上、「ロシアの安全と国益を守るための合理的戦略」を追求するという意味での合理性はなくても、自己保身のために必要な手段をとるという意味での最低限の利己的な合理性を持つと考えられます。この前提に立てば、権力の座から追われて破滅の道を辿る第1のシナリオより、プロパガンダによって不名誉な撤退をあたかも「名誉ある撤退」であるかのように装って撤兵し、自己保身ができる第2のシナリオを彼が選ぶ可能性が高いでしょう。このとき発信されるプロパガンダの虚妄性はロシア国民の多くに見え透いたものになるでしょうが、独裁者がそれでメンツを保ち、戦争を止めてくれるのならよしとしようと国民は甘受するでしょう。

アンデルセンの童話『裸の王様』のように、「目に見えない勝利の冠」を戴いたプーチンは国民から偽りの称賛を浴びながら、威風堂々と「凱旋パレード」を演じる。国民はお互いに目配せして、勝利の冠が見えているふりをしながら王に拍手を送るのです。

構成●齊藤武宏　撮影●山川修一

上写真 Marco Iacobucci Epp / Shutterstock.com
下写真 Oleksandr Osipov / Shutterstock.com

第7章 ウクライナから台湾へ

もしもロシアがウクライナ侵略を達成し、国際法秩序の破壊に成功したら、中国は迷わず台湾に侵攻するだろう。

だが逆にロシアが失敗したら、中国もうかつに台湾侵攻に踏み切れなくなる。

今は世界史的な分水嶺にある。

ウクライナ
2022年8月2日から3日にかけ、米国の大統領・副大統領に次ぐ「ナンバー3」といわれるナンシー・ペロシが台湾を訪問した。

台湾

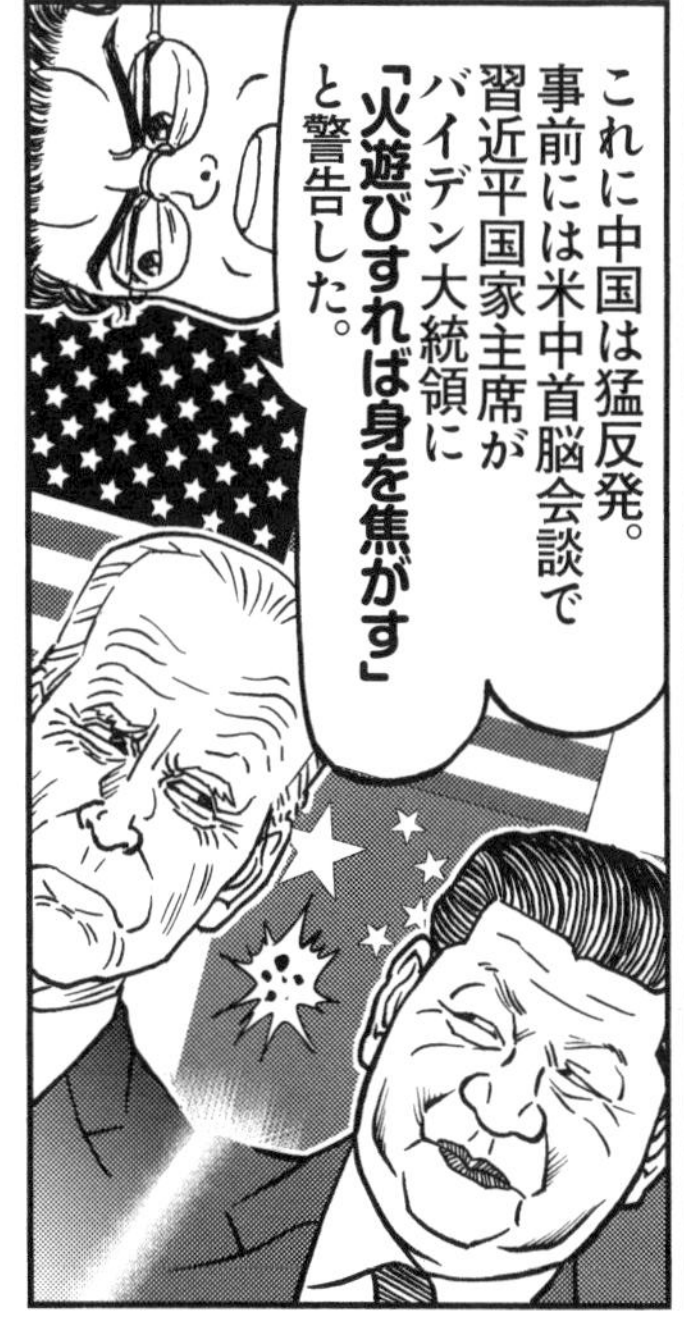
これに中国は猛反発。事前には米中首脳会談で習近平国家主席がバイデン大統領に「火遊びすれば身を焦がす」と警告した。

ほとんどマフィアの恫喝だが、ペロシはこれに動じず、台湾訪問を実行。
中国はその「報復」のように、台湾近海での軍事演習を8月4日から9日まで行った。

そしてこれとちょうど時を同じくして3日から5日までの間、カンボジアの首都プノンペンでは、ASEAN関連の国際会議が開催されていた。
そんななか、4日に行われた会議で日本の林芳正外相は、中国の軍事演習に「懸念」を示した。

すると、これに対して中国の王毅国務委員兼外相が激怒。

王は台湾の現状について日本の「歴史的な責任」を持ち出し、「日本には発言する資格がない」と声を荒げたという。

中国外務省も報道官（外務次官補）が
記者会見で、
「日本は台湾問題で
歴史的な罪を負っており、
とやかく言う資格はない」
と発言した。

王毅は4日に予定
されていた対面では、
1年9ヶ月ぶりとなる
日中外相会談を
開始予定の
2時間前に
急きょキャンセル。

翌5日の東アジアサミット
外相会議では、
林外相の発言の際、
ロシアのラブロフ外相と
ともに退席した。

一国の外相が国際会議の席で
声を荒らげて激怒し、
その後にドタキャンだの
ボイコットだのを繰り返すとは、
あまりにも子供じみていて
外交的には失態としか
思えないが、それほどまでに
余裕を失っているようにも
見える。

そもそも歴史を考えずに、中国がずっと中国だったかのように表記するのが間違っている。「秦の始皇帝」の時代もあるし、「隋」「唐」「宋」や「元寇」の時代があり、「明」「清」の時代もある。これ全部違う民族じゃないか！

中国は日本に対しては、居丈高に**「歴史的な責任」**を言いさえすれば勝てると思っているから、今回も**「日本は台湾を植民地にしていたのだから、台湾のことを言う資格はない」**と言えば、日本は黙ると思ったのだろう。

そこで今回はこの中国のイチャモンに、反論しておこう。

そして実際に、中国に**「歴史カード」**を出されたら直ちに平伏する、歴史を全く知らないバカな日本人もいるのだから、始末に悪い。

とはいえ、細かい検証をする以前に、いくらなんでも「台湾を植民地にしていた日本には、台湾のことでモノ申す資格はない」というのは、呆れるほど見当はずれな言いがかりであることは明白である。

だったら、ミャンマー（ビルマ）を植民地にしていたイギリスは、現在のミャンマーにおける人権侵害に対して、何も言う資格はないのか？

元寇の「元」はモンゴル人の国、ラストエンペラー「清」は辮髪にしていた満州の女真族の国、キョンシーの国だぞ。そのあと「漢民族」が支那を征服した。チベット人やウイグル人は支那人ではない。まず名を正せ！

もちろんそんなことはなく、イギリスはミャンマーの軍事政権に制裁措置を行っている。

ミャンマーに対してはなぜか日本政府の方が制裁に消極的なのだ。

さて、まず強調しておかなければならないことは、

現在の中国＝中華人民共和国は、歴史上、一度も台湾を国土としたことがない！

台湾について、とやかく言う資格がないのは、中国の方なのだ。

日本が台湾を領有したのは、1895年である。

現在の中国＝中華人民共和国（以下「中共」）の建国は1949年であり、この時には影も形も存在していない。

「どっちもどっち」と言っとけば、高みに上って客観的にモノ申しているようなポーズが取れて、知的に見てもらえると思っている「言論人」の皆さん、気楽な稼業ときたもんですねえ。ナメた商売やってんじゃない！ リスクを負って白黒つける言論の凄みを見よ！ ブログマガジン「小林よしのりライジング」配信中!!

日本は日清戦争に勝利し、
「下関条約」（日清講和条約）によって
清国から台湾を割譲された。

清国は満州族の王朝であり、
現在の中共を支配している漢族は、
清に服属する存在にすぎなかった。

清の一員でしかなかった
漢族の末裔である中共が
「台湾はかつて清国領だったのだから、
現在は中共の領土である」と
主張しているわけで、
これは全く意味が通らない。

それは例えて言えば、
かつて大英帝国の一員であったインドが
そのことを根拠に、
同じく大英帝国の一員だった
ビルマ・カナダ・オーストラリア・
ニュージーランドを、
「インドの領土である」と
主張するのと同じ理屈であり、
全くわけのわからない
話なのである。

日本は半世紀にわたって
台湾を領有したが、
1945年の敗戦により、
ポツダム宣言に従って、
台湾を放棄した。

そして台湾の領有権を
引き継いだのは、
蒋介石の中華民国である。
この時点でもまだ
中共は成立していない。

1949年、中華民国との
内戦に勝利した毛沢東は、
中華人民共和国の建国を
宣言。
中国全土を掌握した。

しかし敗れた中華民国は
台湾に落ち延び、
ここに政府を建てて支配した。
その後、今日に至るまで、
中共の支配が台湾に
及んだことは一度もない!
台湾・台北市

日本は「男系」継承の国ではない！「双系」継承の国だ！卑弥呼や壱与も知らんのか？日本全国になぜ女王の墓が多いのだ？なぜ天照大御神が皇祖神なのだ？日本は「双系」が原則！これは古代史学の世界では常識！

中華民国だろうが、中華人民共和国だろうが、清朝や歴代のシナ王朝だろうが何でもかんでも「中国」と表記してしまうのは極めて悪質なトリックである。

秦
殷
周
隋
唐
漢
元
宋
明
清
中華民国
中華人民共和国

現在の中国＝中華人民共和国は、1分1秒たりとも台湾を領土にしたことなどなく、台湾を自国の一部のごとく、とやかく言う資格など、一切ないのである。

ごーまんかましてよかですか？

林芳正外務大臣は、日本・台湾・中国を巡る戦前・戦後の歴史を知っているだろうか？
「戦後レジーム」で育った日本人は日本悪玉史観に侵されているので、わしは、日本の外交も中国に騙されそうで、心配でならない。

RUSSIA
Moscow
Nijni Novgorod
Ufa
Mohilev
Tula
Samara
Minsk
Warsaw
Orel
Berlin
Hamburg
Stettin
Bremen
Amsterdam
Hanover
ENGLAND
LONDON
Rotterdam
GERMANY
POLAND
Kursk
Saratov
Volga
Southampton
Dover
Antwerp
Leipzig
Lemberg
Kiev
Kharkov
Uralsk
Brussels
Cologne
Prague
Cracow
EUROPE
Channel Is.
Paris
CZECHO
SLOVAKIA
UKRAINE
Brest
Orleans
Munich
Vienna
Loire
Rostov
St. Nazaire
FRANCE
Bern
AUSTRIA
HUNGARY
Odessa
SWITZERLAND
Buda-Pest
La Rochelle
Lyons
Trieste
Astrakhan
Venice
RUMANIA
Galatz
Bordeaux
Turin
Genoa
YUGO
SLAVIA
Bukarest
Novorossusk
Toulouse
Belgrad
Danube
Sebastopol
Santander
Black Sea
Petrovsk
BULGARIA
Bilbao
Marseilles
Adriatic Sea
Philippopolis
Varna
Tiflis
Saragossa
Rome
Constantinople
Poti
Corsica
ALBANIA
Batoum
Derbent
Madrid
Barcelona
Naples
Brindisi
Salonica
Scutari
Trebizond
AZERBAIJAN REP.
Sardinia
GREECE
Valencia
Balearic Is.
Aegean Sea
ASIA MINOR
ARMENIA
SPAIN
Palermo
Messina
Tabriz
Mediterranean Sea
Seville
Athens
Smyrna
Eregli
Sicily
Aleppo
Tigris
Gibraltar
Algiers
Tunis
Malta
Malta to P. Said
Cyprus
Euphrates
MESOPOTAMIA
Oran
TUNIS
Crete
940 m.
Fez
Gabes
Beirut
Damascus
ALGERIA
Tripoli
Bagdad
MOROCCO
Jaffa
Figig
Tugurt
Bengazi
Alexandria
P. Said
Jerusalem
Morocco
El Golea
Ghadames

ゴーマニズム宣言SPECIAL ウクライナ戦争論2

第8章 ロシアと中国の歴史ねつ造

現在、国連では、台湾を国家として認めていない。
これは蒋介石が「中華民国」こそが正統な「中国」であるというメンツにこだわり、
中共の国連加盟が認められた際、国名を「台湾」に変えて残留するという選択肢を採らず、国連を脱退してしまったためである。
台湾
独裁者・蒋介石のメンツさえなければ、台湾は「台湾」の名で独立国として国連に加盟していたはずである。
そして現在、「台湾」は国連には加盟してはいないものの、事実上の独立国なのである。

「今は逃げてプーチンがいなくなったらウクライナに戻ればいい」等と言ったサヨクだけでなく、「ロシアは追い詰められた」「ウクライナはネオナチ」とロシアのプロパガンダにコロッと騙された自称保守派も、み〜んな平和ボケでお花畑だった！『ウクライナ戦争論』を読んでロシアとウクライナ、そして日本の歴史を知ろう！

さて、中国が日本に対して、日本は台湾を「植民地」にしていたからモノを言う資格がないと言っているということは、
裏を返せば、中国は「植民地支配」というものは、あまりにも残虐で人道に反することであり、
それをやってしまったら最後、もう人様にモノを言う資格を失う、それほど酷い行為だと認識していることになる。

そして、なぜ中国がそう認識しているかと言えば、中国自身がそういうとてつもなく酷い「植民地支配」をしているからである。
チベット
これを口に突っ込むと口が爆発したように感じ瞬時に気絶する
もっともおぞましい使い方は これを尼僧を含む女性の膣内に突っ込むのである
ある者は目に釘を打ち込まれて殺された
中国がチベット・ウイグルで行っている「植民地支配」の過酷さは筆舌に尽くしがたい。

中国がやっているのは、「ジェノサイド」であり、チベット人・ウイグル人を徹底的に弾圧し、虐殺し、文化も歴史も民族性も全て破壊し尽くし、チベット人・ウイグル人という存在を、この地球上から抹殺しようとする行為である。
それは、日本が台湾において行った「植民地政策」とは天と地以上の差があるのだ。

清朝は、日本に割譲する以前の台湾を「化外の地」と呼んでいた。
人の文明が及ばない、地の果てとしてほとんど放置しており、風土病がまん延する無法地帯だったのだ。
日本はそんな台湾の治安や衛生環境を改善し、道を作り、橋を架け、通貨・金融制度を導入し、教育を普及し、産業を育成し、ありとあらゆる振興政策を行った。
米の増産のためには水利灌漑の整備が欠かせない
八田與一が設計した嘉南大圳は当時 アジア最大のダムで 水路の長さは万里の長城の6倍以上にもなった！
は
秩序や悪習の根絶
衛生観念の芽生え
時間厳守 教育の普及など
中国大陸にはない「公共性」「公」の意識というものが育ってしまった！
台湾は現在まで続く
工業国となった
米や雑穀などが主食で
れも不足しがちだった台湾の
糧事情を改善しようと
業技師末永仁は
百種類にも及ぶ米を
交配させる地道な作業を
繰り返し
明るいうちは試験田で
夜は机上で研究という
生活を一日も欠かさず
10年間続け
台湾の気候に合った
美味しい米
「蓬萊米」を
生み出した
もちろんいずれは日本にその利益が還元されることを目的としたものだったし、台湾人に対する差別があったことも確かだが、現地人に対してこれだけ恩恵の及んだ「植民地」など他にはほとんど例がなく、これを「植民地支配」と言うのが適当なのかどうかと疑われるようなものだったのである。

このようなことは、
以前わしが全て
『台湾論』で描いている。
『台湾論』は北京語版も
出ていて、台湾で
ベストセラーになり、
中国政府も読んでいる。
小林よしのり
台湾論
小林善紀
それにしても、
中国もロシアも、
歴史をねつ造して
侵略を正当化しよう
という手口は
そっくり同じである。
わしは「台湾独立派」として
中国のブラックリストに
載っているらしい。
しかも「中国社会科学院」は
「小林よしのり研究」まで
行っていた。
さらに「赤い小林よしのり」に
反論漫画まで描かせ、
日本で発売していた。
《戦争論》和日本的"新民族主義"思潮
論日本
小林よしのり氏に挑発された中国人作家が
『新・ゴーマニズム宣言』に逆襲!
中国人の「本音」と「誤解」と「真実」がまるごとわかる
激烈反日コミックの翻訳版。
中国の怨嗟のツボが、ここにある!
あとがき／佐藤優（『国家の罠』著者）
ロシア人とウクライナ人は
民族的には近いとはいえ、
あくまでも別の民族である。
そして歴史をさかのぼれば、
9～12世紀、ロシアは
現在のウクライナ・キーウを
首都とする大国・
「ルーシ」の一部だった。
ロシア
ウクライナ

ロシアはこの歴史を改ざんし、ロシア人とウクライナ人は同じ民族であり、ウクライナはもともとロシアの領土だったのだから、ウクライナを併合し、ウクライナ人をあるべき状態に「解放」することが正義であると自国民を洗脳し、侵略を正当化している。
ウクライナ
中国はこれと全く同じ詭弁で、中国人と台湾人は同じ民族であり、台湾はもともと中国の領土だったのだから、併合するのは「侵略」ではなく、「解放」であり、「正義」であるとプロパガンダしているのである。
台湾
さらに、中国とロシアが似たような偽造歴史を利用しているケースを紹介しよう。
ロシアはウクライナへの侵略を開始する際、ウクライナに「ネオナチ」がいると言い、「ファシズムとの戦い」を標榜した。
ウクライナ
もちろんウクライナに本当に危険な「ネオナチ」も「ファシズム」もないのだが、この荒唐無稽な主張には理由がある。

「洗脳」とは何か？そして「マインドコントロール」とは？ 統一協会問題だけじゃない。誰もが洗脳されている。日本人はみんな壺の中！でも洗脳されている自覚はない、壺の中にいることには気づかない！ブログマガジン小林よしのりライジングを読めば、必ず気がつく！あなたは壺を割って外に出られるか！？

ロシアは第2次世界大戦を**「大祖国戦争」**と呼び、この戦争で当時のソ連がナチス・ドイツに勝ったことをナショナル・アイデンティティにしている。

本当はドイツとソ連は手を組んだり裏切ったりした挙げ句に、ヒットラーとスターリンという独裁者二人が、**「悪の頂上決戦」**を行ったわけだが、

ロシアではこれが、**「悪のナチス・ドイツ」**から祖国を守りぬいた崇高なる正義の戦争ということになっているのだ。

しかも、実は**「大祖国戦争」**は戦後のソ連でずっとナショナル・アイデンティティとされていたわけではなく、これが歴史教育等を通じてここまで強調されるようになったのは、プーチン政権発足以降なのである。

中国は第2次世界大戦で日本に勝ったということをナショナル・アイデンティティにして、**「愛国教育」**を行ってきた。

本当は日本軍と戦っていたのは、蒋介石の**「国民党軍」**である！

のちに中華人民共和国を建国する毛沢東の**「共産党軍」**は、一部でゲリラ戦を仕掛けていた程度で、後の国共内戦に備えて戦力を温存するため、ほとんど逃げ回っていたというのが実態だ。

ところが中国は、それを、共産党こそが「悪の日本軍」から祖国を守りぬいた英雄だと歴史をねつ造したのだ！

そして中国は今もなお**「悪の日本」**が牙をむくかもしれないと危機を煽って、国内をまとめている。

ウクライナでは戦争が始まったら、コロナは終わったそうだ。当たり前だ。戦争中にコロナ風邪を怖がったり、「新規感染者数」を気にしたりするはずがない。風邪なんだから！日本だけが馬鹿なんだよ！

プーチンもこれに倣って「ナチスとの戦い」をダシに愛国心を高揚させ、それを自分への求心力に利用しているわけだ。

日本では、敗戦後のコンプレックスによって、戦勝国に合わせた自虐史観が教育のベースになっており、日本悪玉史観が「反日カルト」統一協会に利用されている始末だ。

日本鬼的残酷！

死んでやる 殺し
南京虐殺

結局、独裁国家（権威主義国家）というものは、似たような歴史ねつ造でナショナル・アイデンティティを作り、他国を侵略する口実に使うので、警戒を怠ってはならない。
ウクライナ

日本は戦前悪いことしかしなかったから、財産は永遠に韓国に献金しなければならないのよ〜〜〜っ！

ごーまんかましてよかですか？
戦後教育によって、ナショナル・アイデンティティが破壊された日本人は、世界で一番、マスクをはずせない国民となった！
世界で一番臆病な戦後日本人は、ウクライナ人のように、侵略者と戦うことができるのだろうか？

闘論席

戦争のないユートピアは実現不可能 今回の戦いはプーチン失脚まで続く

『週刊エコノミスト』2022年11月15日号より

［写真 Wirestock Creat/Shutterstock］

戦争を「他人事」にしておきたい日本人には、真実を突き付けたい。

国家を超える思想が生まれない以上、戦争は必ず起こる。それが人類の限界であり、戦争のないユートピアは全体主義という体制でしか実現しない。

それでも、戦争をなくすための人類の試みとして可能なのは、国際法の発展しかないのである。罰則規定もない国際法を人類の確固とした慣習にできるかどうかがもっとも重要で、価値ある人類の挑戦だと断言してもいい。

国際法の一部にでも罰則が適用できれば、人類も少しは進化することになろうが、残念ながら、なりふり構わず戦争を推し進めるロシアの姿勢を見ていると、むしろ人類は退化していると言わざるをえない。性暴力担当国連事務総長特別代表のプラミラ・パッテン氏が指摘しているように、ロシアはレイプを戦争遂行の武器としており、これは野蛮の極致、国家の恥である。

戦争は政治の延長にある手段だが、単なる殺し合いではなく戦時国際法の制限を受けるということすら、プーチン大統領もロシア兵もわかっていない。

そもそもロシアは平時の条約すら守らないから、停戦のための条約を結んでも、態勢を整えれば必ず侵略を再開する。

だからウクライナ国民は、徹底交戦するしかないのだ。幸いなことに、ロシア兵の士気の低さは、大義なき戦争の正体に気づいているからであり、穴の開いた防弾チョッキや錆びた自動小銃を渡され、止血用にタンポンを入手するよう求められる動員兵で勝てるわけがない。

核を使えば、北朝鮮以外の全世界を敵に回すしかなくなる。さらにロシアも、経済を平時に戻す復興が必要になるのだから、核まで使ったら自国民の支持すら失うだろう。

この戦争はプーチンの失脚で終わるしかない。

Riga
Moscow
Nijni Novgorod
Memel
Copenhagen
Vilna
R U S S I A
Belfast
Hull
Königsberg
Minsk
Mohilev
Tula
Samara
IRELAND
Dublin
Bremen
Hamburg
Stettin
ENGLAND
Amsterdam
Hanover
Berlin
Warsaw
Orel
LONDON
Rotterdam
GERMANY
POLAND
Kursk
Saratov
Southampton
Antwerp
Leipzig
Prague
Cracow
Lemberg
Kiev
Kharkov
Volga
Urals
Brussels
Cologne
E U R O P E
Channel Is.
Paris
CZECHO-SLOVAKIA
UKRAINE
Brest
Orleans
Munich
Vienna
Rostov
Loire
St. Nazaire
FRANCE
Bern
AUSTRIA
HUNGARY
Odessa
SWITZERLAND
Buda-Pest
La Rochelle
Lyons
Trieste
Astrakhan
Bordeaux
Venice
RUMANIA
Galatz
Turin
Genoa
YUGO-SLAVIA
Bukarest
Novorossusk
Toulouse
Belgrad
Danube
Sebastopol
Black Sea
Petrovsk
BULGARIA
Bilbao
Marseilles
Philippopolis
Varna
Tiflis
Saragossa
Corsica
Rome
Adriatic Sea
Constantinople
Poti
Batoum
Derbent
Madrid
Barcelona
Naples
Brindisi
Salonica
Scutari
Trebizond
AZERBAIJAN REP.
Valencia
Sardinia
GREECE
ARMENIA
Balearic Is.
ALBANIA
Aegean Sea
ASIA MINOR
SPAIN
Palermo
Messina
Tabriz
Seville
Mediterranean Sea
Athens
Smyrna
Eregli
Sicily
Aleppo
Tigris
Gibraltar
Algiers
Tunis
Malta to P. Said 940 m.
Euphrates
MESOPOTAMIA
Oran
TUNIS
Malta
Cyprus
Fez
Crete
Cabes
Beirut
Damascus
ALGERIA
Tripoli
Bagdad
MOROCCO
Tugurt
Jaffa
Figig
Bengazi
Alexandria
P. Said
Jerusalem
Morocco
El Golea
Ghadames

ゴーマニズム宣言SPECIAL
ウクライナ戦争論2

第9章 フィンランドとスウェーデンがNATO加盟

NATO（北大西洋条約機構）は
2022年7月5日、フィンランドとスウェーデンの加盟議定書に署名。
NATO
OTAN

NATOは1949年、東西冷戦下でソ連の脅威に対抗するために結成された軍事同盟で、「集団的自衛権」により、加盟国が武力攻撃を受けた際には、全加盟国に対する攻撃とみなして反撃する。

発足当初の加盟国は欧州10ヶ国と米国・カナダだったが、冷戦終結・ソ連崩壊後は旧東側諸国に広がって現在は30ヶ国。
アイスランド
アメリカ
カナダ
ノルウェー
エストニア
イギリス
オランダ
ドイツ
ベルギー
ハンガリー
ルーマニア
フランス
イタリア
クロアチア
モンテネグロ
ブルガリア
北マケドニア
アルバニア
ギリシャ
トルコ
スペイン
ポルトガル

ロシアが侵略戦争を始めたのは、NATOが東進してロシアを脅かしたからだと知識人たちは言う。だからアメリカに責任があると言う。本当か？その解答を今回は描いた。

フィンランドとスウェーデンは軍事的中立を堅持して非加盟だったが、それが一転した理由は明白。
NATOに非加盟のウクライナがロシアに侵略されたからだ。
ウクライナ

「ロシアの隣国」ということは、それだけで、とんでもない不幸なのだ。ロシアと2000km以上もの国境を接するウクライナの惨禍を見て、ロシアと1340kmの国境を接するフィンランドが「明日は我が身」と思うのは当然で、もしもフィンランドがロシアに呑み込まれたら次はスウェーデンの番なのだ。
フィンランド
スウェーデン
ロシア
ウクライナ

「サンタクロース」や「ムーミン」、フィンランドサウナなどで知られる「森と湖の国」、フィンランド共和国の独立は1917年。

フィンランドは12世紀から19世紀まで、強国だったスウェーデンの支配下にあった。

だがスウェーデンは
ロシアに敗れて衰退し、
フィンランドは1809年、
ロシアに割譲された。
フィンランド(ロシア領)
スウェーデン
ロシア
ロシア皇帝
アレクサンドル1世は、
フィンランドを
スウェーデンとの
緩衝国にする意図もあり、
フィンランドの文化・
自治を尊重した。
だが1894年に即位した
ニコライ2世は「ロシア化」の
圧政を敷き、これにより
フィンランド・ナショナリズム
は高揚。
フィンランド
スウェーデン
ロシア
そんな中で
ロシア革命が起こり、
これを機に
フィンランドは
独立を宣言した。
独立後、フィンランドでは
内戦が勃発するが、
これを短期間で収めた後は
急速に発展を遂げる。
だが、
そんなフィンランドを
スターリンは虎視眈々と
狙っていた。
フィンランド
スウェーデン
ロシア

1939年、スターリンはヒトラーと独ソ不可侵条約を締結。

その秘密協定で「独ソ両国でポーランドを分割する」などと共に、「フィンランドをソ連の支配下に置く」と取り決めていた。

同年9月、独ソは
瞬く間に
ポーランドを侵攻し、
分割統治する。
フィンランド
スウェーデン
ポーランド

そして間髪入れず11月30日、ソ連はフィンランド侵攻を開始。

当時の人口はソ連1億7000万、フィンランド350万で、国力は雲泥以上の差。ソ連は45万の大軍を投じ、対するフィンランド軍は最大限で20万程度、しかも武器は旧型で量も著しく不足していた。

ソ連

フィンランド

スウェーデン

だが内戦の英雄マンネルヘイム元帥が率いるフィンランド軍の士気は非常に高かった。

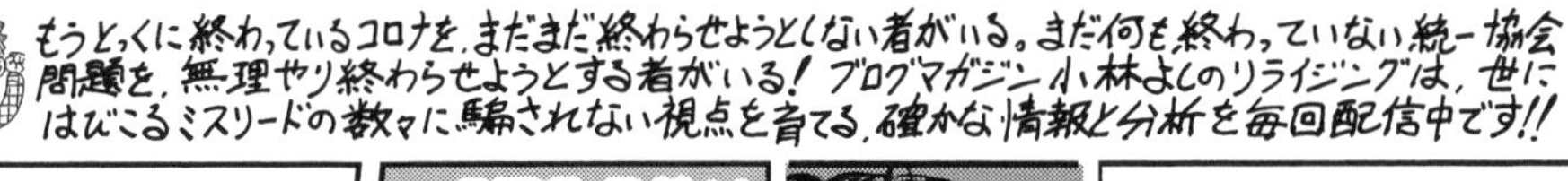

もうとっくに終わっているコロナを、まだまだ終わらせようとしない者がいる。まだ何も終わっていない統一協会問題を、無理ヤリ終わらせようとする者がいる！ ブログマガジン小林よしのりライジングは、世にはびこるミスリードの数々に騙されない視点を育てる、確かな情報と分析を毎回配信中です!!

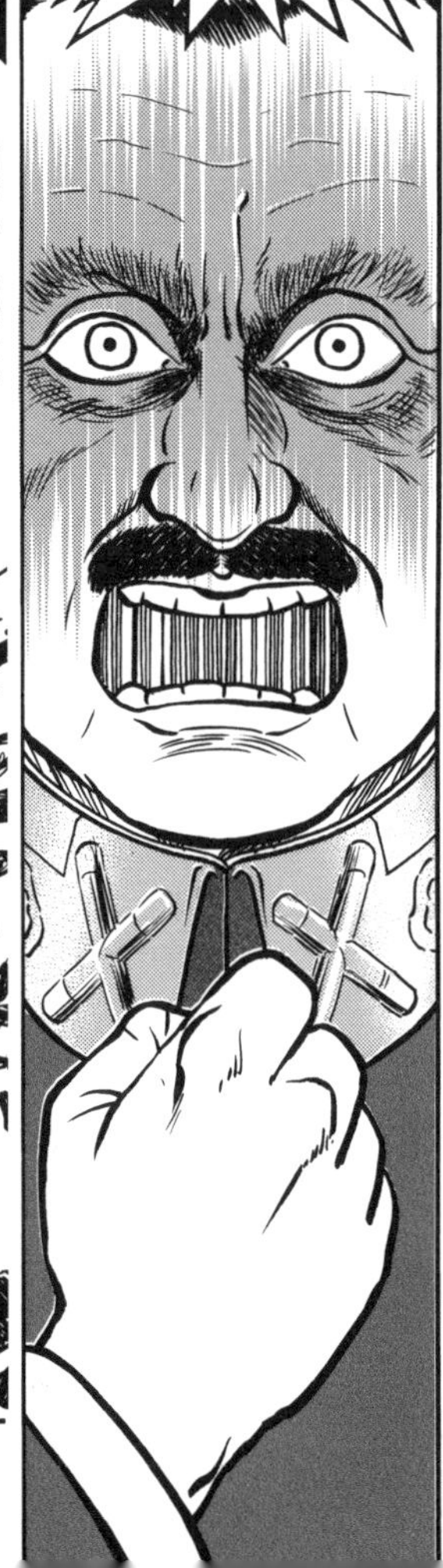

この戦争は、我々の独立の継続のため以外の何物でもない。我々は、我々の家を、信念を、国を守るために戦うのだ！

当時のソ連軍はスターリンの大粛清で軍の幹部クラスがほとんど殺され、有能な指揮官がほとんどいなかった。

ソ連の大軍は「森と湖の国」の地形に進撃が阻まれ、そこへフィンランド軍は物陰から最後尾を奇襲し、退路を断つ包囲撃滅戦「モッティ戦術」を敢行。

ダダダ

パパパ

ソ連軍は立往生して消耗し、そこへ猛寒波が襲来。数日間で勝つと思って冬装備を用意していなかったため、次々に壊滅していった。

しかしスターリンは
さらなる大軍を投入、
損害も顧みずに進撃させ、
さすがに圧倒的な能力差の前に
フィンランド軍の抗戦も
限界が近づいた。

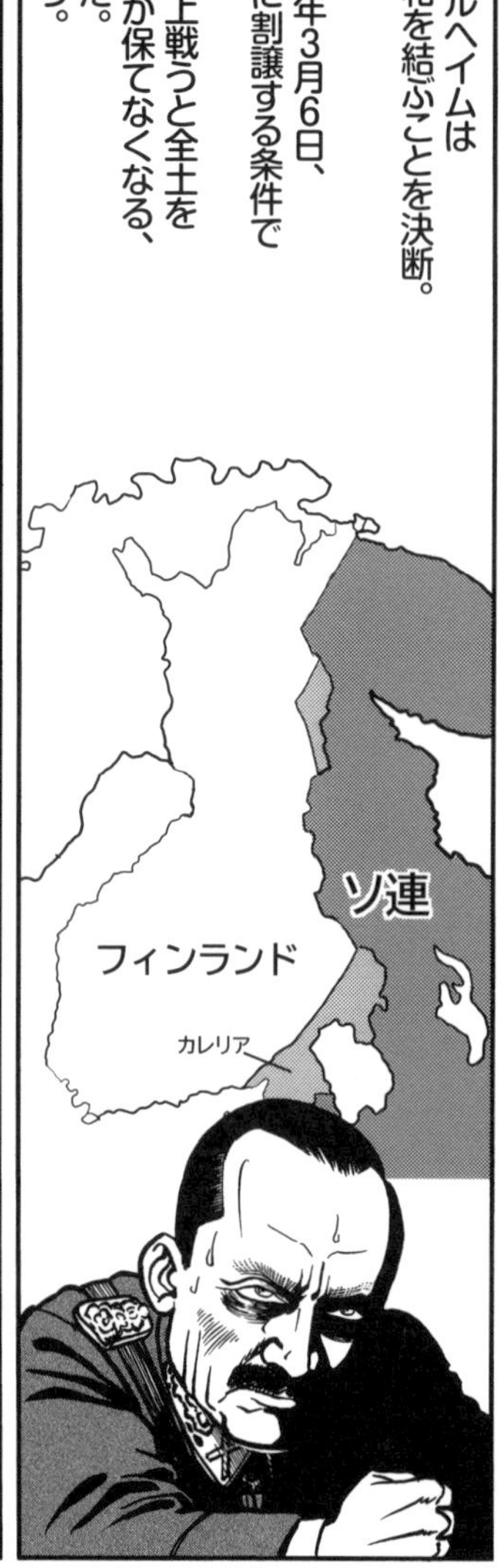
そしてついに、マンネルヘイムは
余力のあるうちに講和を結ぶことを決断。
交渉の結果、1940年3月6日、
領土の約1割をソ連に割譲する条件で
停戦協定が成立した。
屈辱であるが、これ以上戦うと全土を
ソ連に占領され、独立が保てなくなる、
ギリギリの選択だった。
これを**「冬戦争」**という。
ソ連
フィンランド
カレリア

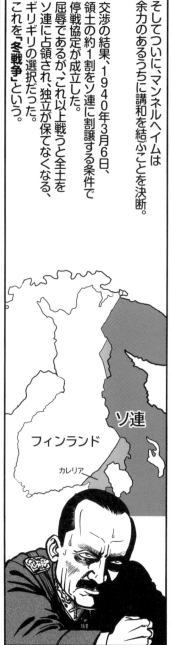

だが、フィンランドは諦めなかった。
当時、ヨーロッパ各地で
大勝利を収めていた
ナチス・ドイツと秘密協定を交わし、
失地回復を目指したのだ。
1941年6月、
独ソ戦が始まると、
フィンランド軍は
失地・カレリア地峡へ進軍。
「冬戦争の継続」として、
これを**「継続戦争」**と呼んだ。

森喜朗はゼレンスキーも悪いと言っている。鈴木宗男も必死でプーチンの擁護をしている。プーチンに媚び売ることが外交と思っていた政治家の化けの皮が一気に剥がれてしまった。憐れだなあ。

フィンランド軍はドイツ軍の快進撃と共に失地回復に成功し、ソ連側の都市をも陥落させるが、次第にドイツ軍の戦況は暗転する。

ドイツの敗色が濃厚となってきた1944年2月、フィンランドはソ連に講和交渉を打診するが、とても呑めない条件を提示され、徹底抗戦を決意。

6月、ソ連軍はフィンランドに攻勢を開始。

独ソ戦を戦い抜いたソ連軍は冬戦争の頃とは別物の強さで、しかも季節は夏。

フィンランド軍は大苦戦を強いられるが、士気には全くの衰えもなかった。

そして7～8月の「イロマンツィの戦い」で、フィンランド軍は得意の「モッティ戦術」を駆使して勝利を収めた。

ワクチン接種後、数分で容態激変して死に至るケースが多発している。超過死亡はどんどん増えている。火葬場も忙しいらしい。何が起こっているのか？ワクチン接種と関係があるのか？

ソ連軍はこの敗戦と、まだドイツ軍との戦闘が続いていたことから進撃を停止し、フィンランドへの無条件降伏勧告を諦めた。

だがフィンランドはドイツと組んだことで、「敗戦国」となってしまい、一旦奪還した失地も再び手放した上に、多額の賠償金を支払う結果となった。
それでもフィンランドはソ連軍の駐留を認めず、国家の主権を維持した。

1948年、フィンランドはソ連と「友好協力相互援助条約」を締結。

その後70年以上も「軍事的中立」を維持し、NATOに加盟しなかった。

ロシア

フィンランド

もちろん本当は「友好協力相互援助」のためなんかではない。

とにかくソ連を刺激しないためだ。

ごーまんかましてよかですか？

冷戦時代、首相は「ソ連は友好国」と繰り返したが、それは本心ではなくそう言うしかないだけだった。

次回もソ連・ロシアの周辺国がNATOに加盟したがる理由を明らかにしていこう。

【写真 産経新聞社】

闘論席

オウムをもてはやした罪を忘れたか 善悪二元論は決して幼稚ではない！

『週刊エコノミスト』2022年12月13日号より

「善悪二元論」を幼稚だと否定する風潮が、知識人の間では大勢になったような気がする。

かつて、オウム真理教を擁護する思想家、宗教学者、知識人、サブカルが跋扈し、オウムが近代を超えるポストモダンとしてもてはやされた。

オウムの犯罪が明らかになった後でさえ、警察vsオウムを善悪で判断してはいけないという価値相対主義がはびこり、オウムを悪と断定したわしは、「麻原さんは本物の宗教家だ」と主張する吉本隆明（1924～2012年＝詩人・評論家）から批判された。

だが、結果は現実を見ればわかるように、麻原は何ら宗教的信念を披露することもなく、単なるカルト犯罪者として死んだ。

オウム事件から27年がたち、ウクライナとロシアの戦争を評する際にも、プーチン大統領が悪であるという論調に対して、再び〝どっちもどっち論〟でマウントを取ろうとする言説が一部知識人の間で流行ってしまった。

価値相対主義にハマると、侵略されるほうにも悪がある、いじめられるほうにも原因がある、レイプされるほうにも問題があると言い出す輩が、なんと「保守」を自称する者からも続出する。

ウクライナのゼレンスキー大統領は英雄ではないと言う知識人もいるが、暗殺される恐れもあるのに国から逃げ出すことなく、全世界にメッセージを送り続けながら指揮を執る指導者は英雄と呼んで差し支えなかろう。

平時での政治力がどれほどのものかはわからないが、国家の存亡がかかった戦時中に国民をまとめ上げる指導者が、日本にいるだろうか？

善悪の区別、正邪の分別、価値の優劣をつけられる者が真の保守なのである。価値相対主義は思想の方法論として利用できるが、結論を導き出す再構築に至らなければ、価値紊乱主義に堕すだけである。

Moscow
Nijni Novgorod
R U S S I A
Copenhagen
Memel
LITHUANIA
Vilna
Mohilev
Tula
Samara
Minsk
Belfast
IRELAND
Dublin
Hull
Hamburg
Stettin
Danzig
Konigsberg
Orel
ENGLAND
LONDON
Amsterdam
Hanover
Berlin
Warsaw
Kursk
Saratov
Volga
Southampton
Dover
Rotterdam
GERMANY
POLAND
Leipzig
Prague
Lemberg
Kiev
Kharkov
Urals
Brussels
Cologne
Cracow
E U R O P E
Channel I.s
Paris
CZECHO
SLOVAKIA
UKRAINE
Brest
Orleans
Munich
Vienna
Rostov
St. Nazaire
Loire
FRANCE
Bern
AUSTRIA
HUNGARY
Odessa
Buda-Pest
SWITZERLAND
La Rochelle
Lyons
Trieste
RUMANIA
Galatz
Astrakhan
Bordeaux
Venice
Turin
Genoa
YUGO
Belgrad
SLAVIA
Bukarest
Danube
Novorossusk
Toulouse
Sebastopol
Black Sea
Petrovsk
Bilbao
Marseilles
BULGARIA
Varna
Rome
Adriatic
Sea
Philippopolis
Constantinople
Poti
Tiflis
Saragossa
Corsica
Batoum
Derbent
Madrid
Barcelona
Naples
Brindisi
Salonica
Scutari
Trebizond
AZERBAIJAN
Valencia
Sardinia
GREECE
ARMENIA
REP.
SPAIN
Balearic Is
Aegean
Sea
ASIA MINOR
Palermo
Messina
Tabriz
Seville
Mediterranean
Sicily
Athens
Smyrna
Eregli
Aleppo
Tigris
Gibraltar
Algiers
Tunis
Oran
TUNIS
Malta
Malta to P. Said 940 m.
Crete
Cyprus
Euphrates
MESOPOTAMIA
Fez
Cabes
Sea
Beirut
Damascus
ALGERIA
Tripoli
Jaffa
Figig
Tugurt
Bengazi
Alexandria
P. Said
Jerusalem
El Golea
Ghadames

第10章
NATO加盟はロシアの侵略が恐いから

ソ連の周辺国は、ソ連に領土を奪われながら屈辱に耐え、国境線を画定させることでそれ以上の侵略を防ぐという、辛い決断をするしかなかった。
それはソ連が崩壊してロシアとなった後も、何も変わっていない。
冬戦争・継続戦争に関するフィンランド国境
2014画定・エストニア国境
2007画定・ラトビア国境
戦争中・ウクライナ国境
紛争中・ジョージア国境
フィンランドの小説家ヴァイノ・リンナが対ソ戦に参加した経験を基に書いた『アンノウン・ソルジャー』は、3度も映画化されたフィンランドの国民的小説で、2017年に公開された最新版の映画は、全人口550万の国で100万人以上もの動員を記録。
対ソ戦の記憶は今なお全国民に共有されている。
アンノウン・ソルジャー
英雄なき戦場

今回は「どっちもどっち論」「アメリカがNATOを東進させてロシアを追い込んだ論」を論破する。ロシアの周辺国は、ロシアを恐れて中立を保っていただけだ。今じゃむしろ、中立は危険だと悟り、周辺国がNATOに駆け込む状態になっている。

フィンランドでは有事に備えて18歳以上の男子に兵役が課され、予備役は60歳まで。
有事動員可能兵力は28万人である。
フィンランド
スウェーデン

主要な建物では全て地下シェルターの設置が義務付けられていて、全国に約5万４０００の施設があり、全人口の8割、４４０万人を収容できる。
平和な国というイメージの強いフィンランドだが、現実にはいつロシアが攻めてきても戦える準備と気構えを備えているのだ。

さらに特筆すべきはメディアリテラシー教育で、ファクトチェックの専門機関が子供向けの教材を開発。

「ミスインフォメーション」

（情報としての質が低い、または誤情報）

「ディスインフォメーション」

（意図的なデマ、捏造情報）

「マルインフォメーション」

（他を攻撃する意図を持つような情報）

の3つを見極める能力を養成している。

単行本『ウクライナ戦争論』で、まずプロパガンダで動かせぬ事実・ファクトを描いた。ロシアのレイプ戦術は、日本人女性にも行われたこと、ドイツでも行われたこと、これはファクトだ！

実際の授業は現場の教師の裁量に任されており、子供が自らフェイクニュースを書いてみるといった授業なども行われているという。

ロシアが仕掛けるプロパガンダ・情報戦に負けない思考力を国民に持たせることも重要な防衛力なのだ。

日本人はこのファクトチェックの教育がされていないので、ロシアがウクライナ侵略を開始した当初、ロシアのプロパガンダ情報を信じ込んだネット民や言論人が多発した。

ロシア対ウクライナ、すべてウクライナの自作自演でロシアは侵攻していなかった

36：2022/03/11(金) 03:09:00.49
むしろ先に手を出したのはウクライナってはなしだぜ。

7：2022/03/11(金)
ゼレンスキーからウクライナを救いたかっただけだよな

いい大人がなんでこんなにバカで常識がないんだ——っ!!

フィンランドのマリン首相は、2022年1月には**「私の任期中にNATO加盟を申請する公算は非常に小さい」**と言っていたが、
ロシアのウクライナ侵攻を受けて一変！それには世論の後押しもあった。

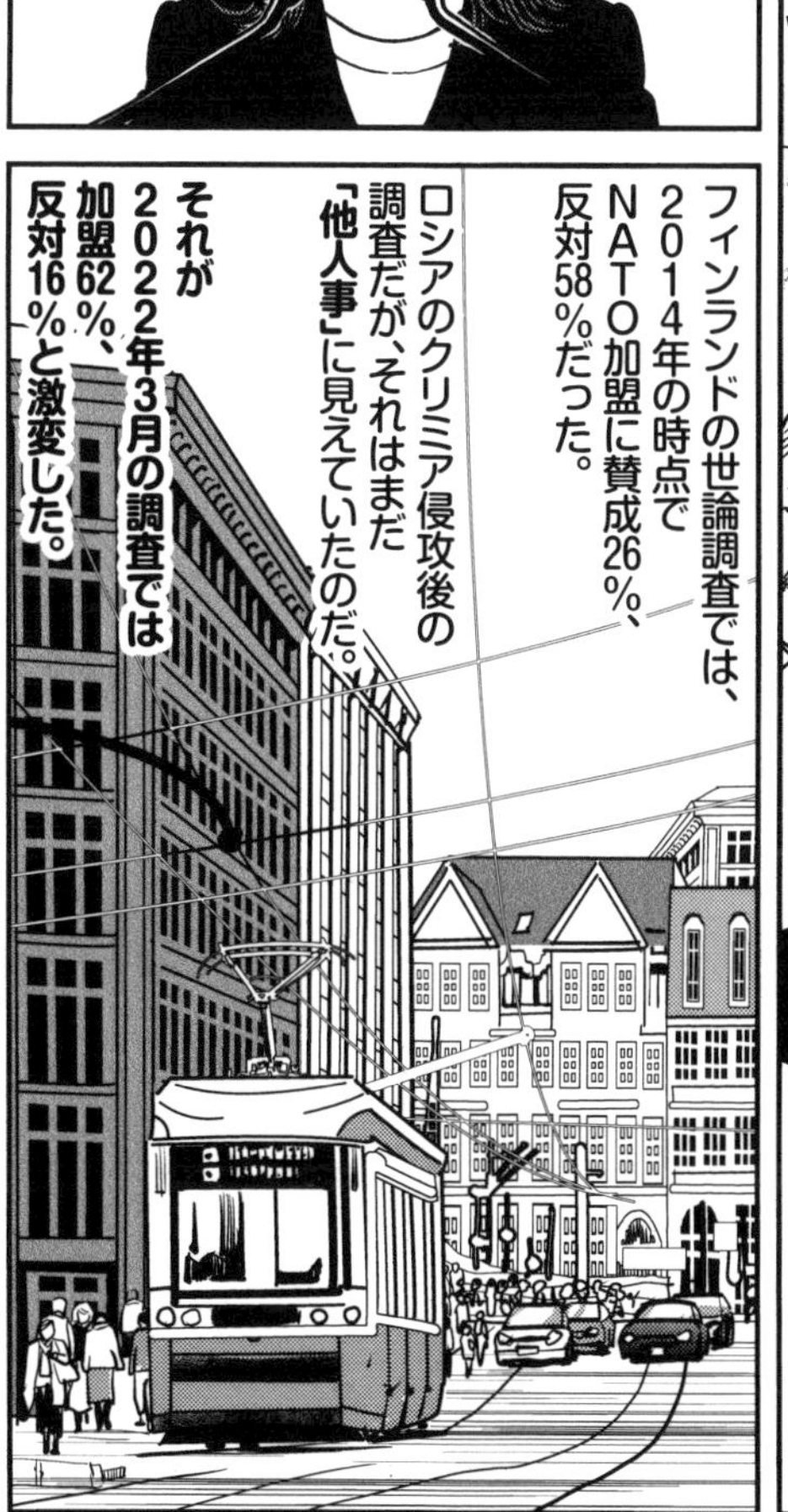

フィンランドの世論調査では、2014年の時点でNATO加盟に賛成26%、反対58%だった。
ロシアのクリミア侵攻後の調査だが、それはまだ**「他人事」**に見えていたのだ。
それが2022年3月の調査では加盟62%、反対16%と激変した。

「善悪二元論は幼稚」とか言ってマウント取ろうとする言論人こそ幼稚！ それはただ、価値を決められないだけのこと！ 「決められない人」のどこがエライ!? ブログマガジン 小林よしのりライジングは、様々な話題で善悪の区別、正邪の区別、価値の優劣を考え続けます。あなたも「決められる人」になろう！

どんなにロシアの顔色を窺って「軍事的中立」を保っても、ロシアは侵略したいと思ったら侵略する！
それがわかってしまった以上は、もうNATO加盟をためらう必要はない。
ウクライナ
むしろ加盟するなら、ロシアがウクライナで手いっぱいの今しかないと、多くの国民が考えたのである。

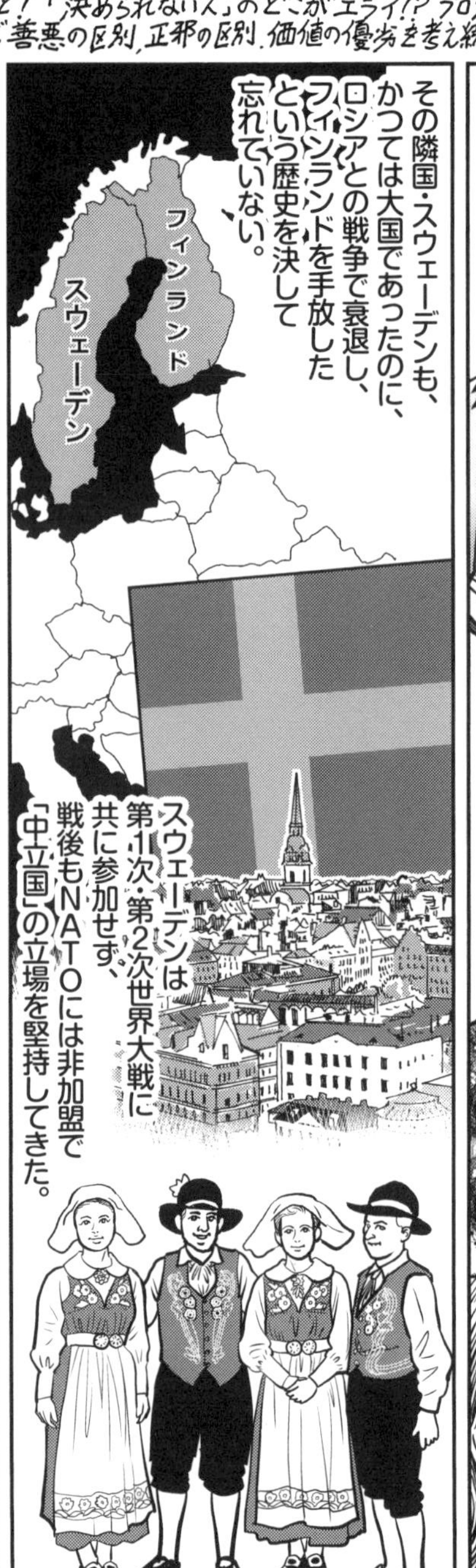

その隣国・スウェーデンも、かつては大国であったのに、ロシアとの戦争で衰退し、フィンランドを手放したという歴史を決して忘れていない。
フィンランド
スウェーデン
スウェーデンは第1次・第2次世界大戦に共に参加せず、戦後もNATOには非加盟で「中立国」の立場を堅持してきた。

しかし「中立国」とは、日本人がイメージするような平和ボケなものではない。
2018年スウェーデンは7年ぶりに徴兵制を復活した！

ロシアによる
クリミア併合や、
度重なる
スウェーデン領海の
侵犯などへの対応策で、
大きな反対運動は
ほとんど起きなかった
という。
ウクライナ

同じく2018年には、
政府緊急事態庁が
戦争勃発時のマニュアルを
全世帯に配布。
そこには「徹底抗戦」が
強調されている。
OM KRISEN
ELLER KRIGET
KOMMER
Skyddsrum och andra
skyddande utrymmen

スウェーデンも学校など
大型建築物には法律で
シェルターの設置が
義務付けられ、
全国に約6万5000か所、
人口の8割を収容できる
ようになっている。

スウェーデンはそこまで
備えて「武装中立」を
保ってきたのだが、
ついに100年以上もの
国是を捨て、
NATO加盟という
歴史的決断をした。
いや、ロシアが
そうさせたのだ。
NATO
OTAN
スウェーデン

テレビ・マスコミの報道が正しいか？ネット動画やネット言説が正しいか？それは是々非々である。どちらかに没頭するとフェイクを掴まされて妄言を言い出すことになる。

NATOは2004年のバルト3国（エストニア・ラトビア・リトアニア）の加盟以降、急速に東方に拡大したが、その理由もわかるだろう。

スウェーデン
フィンランド
エストニア
ラトビア
リトアニア
ベラルーシ
ポーランド
ウクライナ
ドイツ

バルト3国は1940年、独ソ不可侵条約の秘密協定でソ連に強制併合された。

3国の全大統領と閣僚の辞任が強制され、代わりにソ連に忠実な**「人民の政府」**がつくられて**「議会選挙」**が行われたが、与党に投票しない者は処刑、またはシベリアなどに送られた。

エストニア
ラトビア
リトアニア

ソ連占領の最初の1年で、処刑または国外追放された者は推定12万4000人以上。その中には3国の前国家元首や閣僚の多くが含まれている。

第2次世界大戦中、バルト3国はドイツに占領され、圧政を受け、1944年にソ連軍が再占領した。

エストニア
ラトビア
リトアニア

情報のみに頼るしかないか？ それでも決断しなければならないときは、どうすればいいのか？ その答えも出さねば。

再びソ連に強制併合されたバルト3国には、社会的・経済的地位の高い者を「国外追放」にする命令が下され、成人人口の1割にも及ぶ人々が国外追放、または強制収容所に送られ、代わりに他のソ連地域からの移住が奨励された。

そして約半世紀の間、バルト3国では国民が秘密警察によって監視され、恣意的に逮捕され、尋問、拷問、処刑、または追放される恐怖支配が続いた。

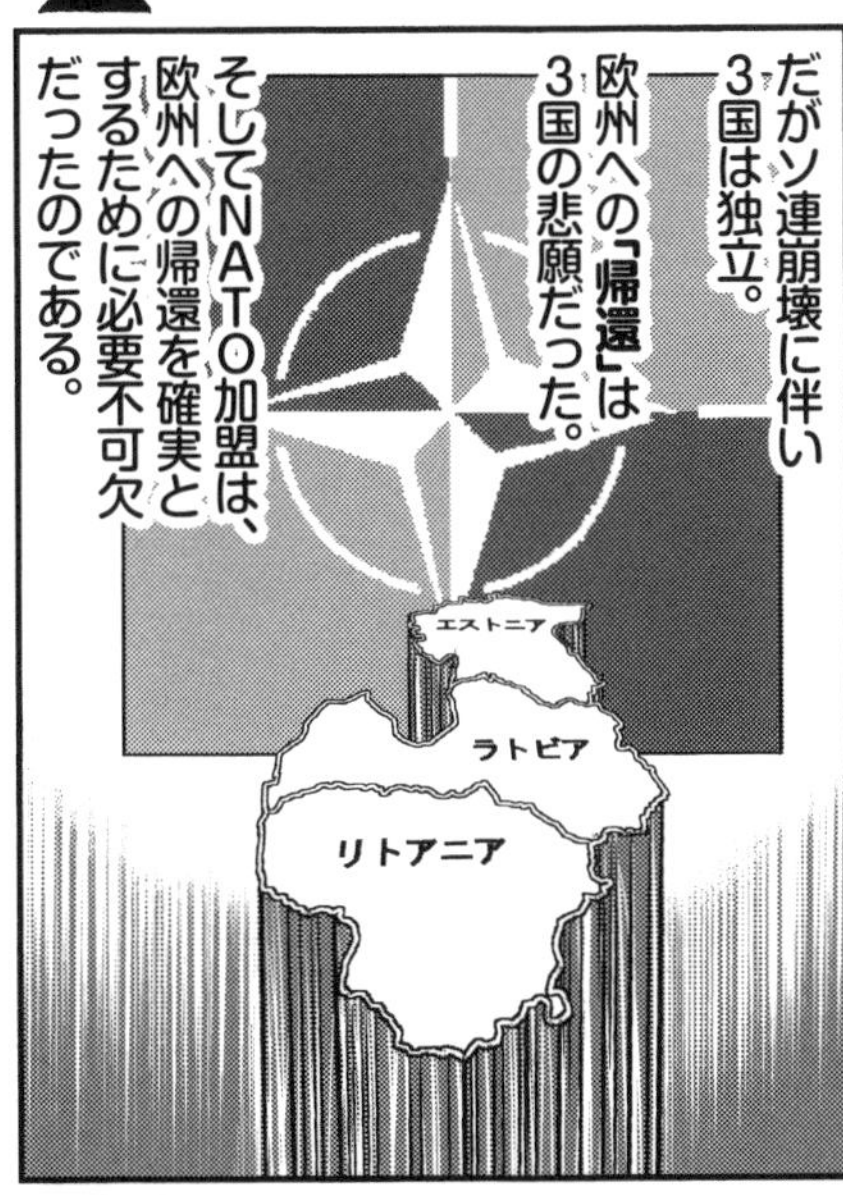

だがソ連崩壊に伴い3国は独立。
欧州への「帰還」は3国の悲願だった。
そしてNATO加盟は、欧州への帰還を確実とするために必要不可欠だったのである。
エストニア
ラトビア
リトアニア

他の国も同様に、それぞれソ連に蹂躙された歴史を持ち、今もロシアに不信と恐怖を感じながら、単独ではロシアに抵抗できない小国ばかりであり、だからこそNATO加盟を念願し、実現させたのだ。
ロシア
アイスランド
アメリカ
カナダ
フィンランド
スウェーデン
ノルウェー
エストニア
ラトビア
デンマーク
リトアニア
ルクセンブルク
オランダ
イギリス
ポーランド
ドイツ
ベルギー
チェコ
スロバキア
スロベニア
ハンガリー
フランス
ルーマニア
イタリア
クロアチア
ブルガリア
モンテネグロ
スペイン
北マケドニア
アルバニア
ポルトガル
トルコ
ギリシャ

ウクライナと同様に地理的にロシアに近すぎるためNATOに入れなかったモルドバやジョージアなども、フィンランド・スウェーデンを見て、今は加盟を切望していることだろう。
ロシア
ウクライナ
モルドバ
黒海
ジョージア
ところが日本では、
アメリカがNATOを東方に拡大して、ロシアに脅威を与えたのが悪い！
…などと言う「度はずれてバカな知識人」までいる始末だ。
東郷和彦
中島岳志
鈴木宗男
伊藤貫
藤井聡
原因と結果が真っ逆さまだ！
NATOの東方拡大が、ロシアに脅威を与えたんじゃない。
ロシアが脅威を与えたから、NATOが東方に拡大したんだ！
ごーまんかましてよかですか？
ちょっと東欧の歴史を勉強すればわかることなのに、コロッとロシアのプロパガンダに騙されて、それでも「知識人」か⁉
いつまで平和ボケしてるんだ？
日本もロシアの隣国なんだぞ。
フィンランドの小学校に入って、メディア・リテラシーを勉強してこい！

Kotlas
Petrograd
Vologda
Viatka
Yaroslav
Pskov
Riga
Moscow
Nijni Novgorod
Vilna
R U S S I A
Mohilev
Tula
Minsk
Samara
Orel
Kursk
Saratov
Volga
Kiev
Kharkov
O P E
UKRAINE
Rostov
Odessa
Astrakhan
MANIA
Galatz
Bukarest
Danube
Sebastopol
Novorossusk
Black Sea
BULGARIA
Varna
Petrovsk
Tiflis
GEORGIAN REP.
Constantinople
Poti
Batoum
Scutari
Trebizond
AZERBAIJAN REP.
ARMENIA
Ægean Sea
ASIA MINOR
Tabriz
Athens
Smyrna
Eregli
Aleppo
Tigris
MESOPOTAMIA
Euphrates
Cyprus
Crete
Beirut
Damascus
Jaffa
Alexandria
P. Said
Jerusalem
Cairo
Suez

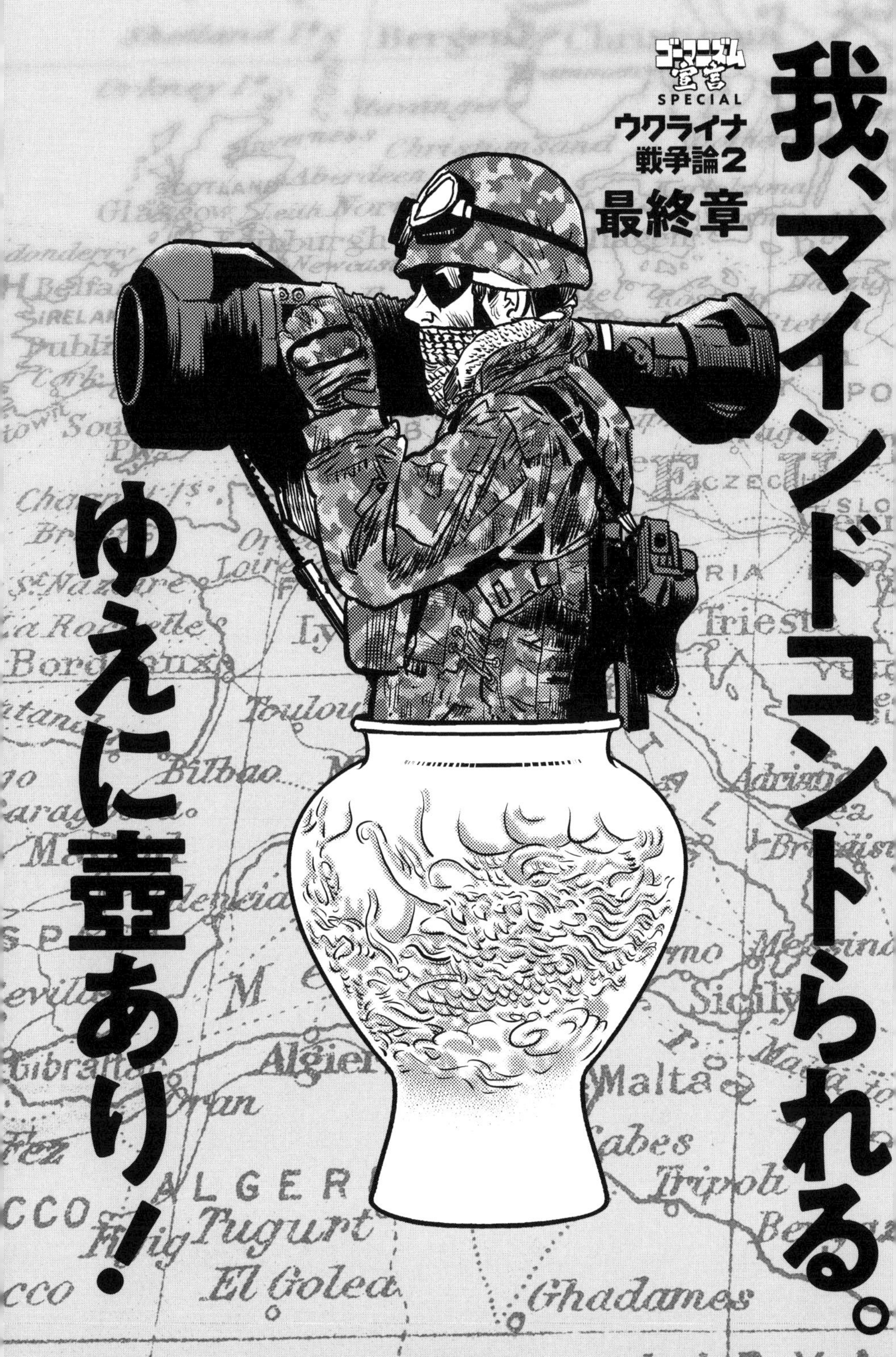
ゴーマニズム宣言
SPECIAL
ウクライナ
戦争論2
最終章
我、マインドコントられる。
ゆえに壺あり！

よしりん号を
秘書みながどこかで
ぶつけて、車体が
ボコボコだ。

ベンツで見栄を張って
たのに、アメリカ人
みたいにボコボコ車体で
走ってるから、
カッコ悪すぎる。
す…
すみません。

パリッとスーツ
着てたつもりが
尻に穴が
あいてるような
ものじゃないか！
おっサル
とおりですね。

新車を
2年くらい前に
購入したのに、
なぜまだ
乗れんのだ
――っ？
仕方がないんですよ。
去年までは
コロナ禍のせいで
半導体が入って
こないからと言って
たのに、今はウクライナ
戦争のせいだって…

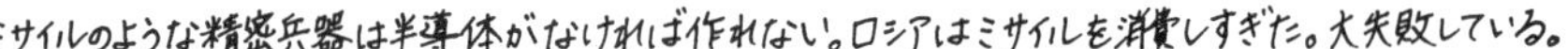
ミサイルのような精密兵器は半導体がなければ作れない。ロシアはミサイルを消費しすぎた。大失敗している。

ちきしょーーーっ！
ロシアがミサイルに半導体を使うからだっ！
半導体はわしの車に使えーーっ！

そもそもグローバリズムは国際分業体制になるから、戦争が起こったら、燃料やら小麦やら半導体やら、いろんなものが不足する。
だからグローバリズムはダメだと、わしはずっと言ってたんだ。

半導体くらいなんで国内生産しないんだよ！
ぬうぅぅ！

最近は「戦争」やら、「グローバリズム」やら、「統一協会」やらで、かつて、よしりん先生が論じたことばっかりが繰り返されているみたいですね。
デジャヴだ！
デジャヴばっかりだーーっ！

そもそも人々が自分の頭でモノを考えずに、政治家やマスコミのプロパガンダに洗脳されてばかりだからだ！

我、マインドコントられる。
ゆえに壺あり！

なんですか？それは〜〜〜〜〜？

「我、思う。ゆえに我あり」を知らんのか？
フランスの哲学者デカルトでしょ？

存在とは何か？
そう思考する自分がいるから、確かに自分は存在している。
デカルトはそう言ったが、現実、世の中は、自分の頭でモノを考えない奴らばっかりだ。

mRNAワクチンの接種後死亡は、今、2000人ほどだが、超過死亡が東日本大震災の死者数を超えてるから、今後、問題化するはず。これもカルト壺を買わされたようなものだ。

マインドをコントロールされた自分の前には、いつの間にかカルト団体の壺だらけになっている。

「我、マインドコントロられる。ゆえに壺あり！」
自分の頭で考えない奴は、ろくなモノをつかまない。

なるほど！深いですね。
デカルト以来のよしりんの哲学的名言です。

気をつけたほうがいい。
わしはふざけているようで、たまたま真言を唱えている。

よしりん先生は70歳になっても、真言立川流を究めてますから脳が異常に若い？

あっちの方もバイアグラは要らない。
コーフンしたら倍(バイ)あるがら！

む〜〜ん

みなぼん、
戦争の本質を
知っているか？
え？

戦争の最終目的は
相手国の憲法を
書き替えることである！
ほ～～、それ、
ファクトですか？

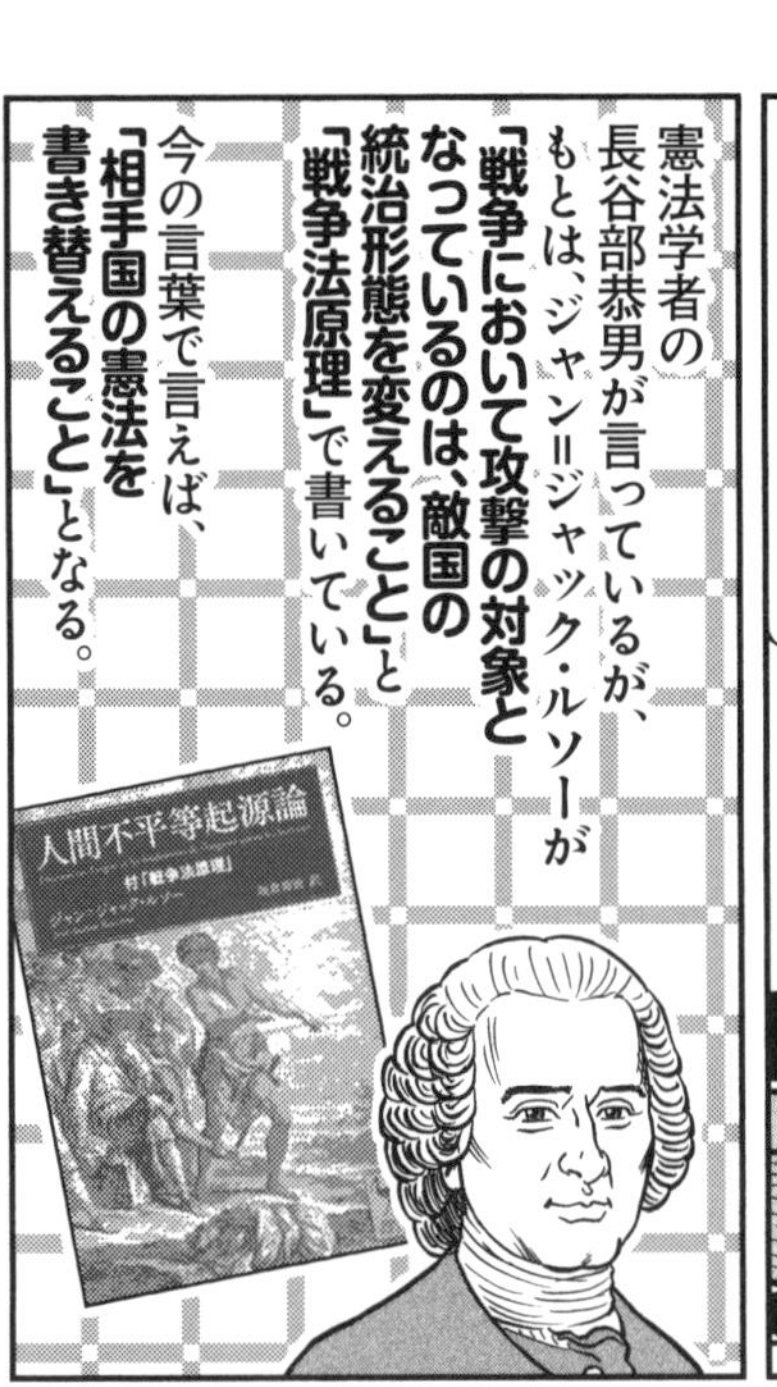
憲法学者の
長谷部恭男が言っているが、
もとは、ジャン＝ジャック・ルソーが
「戦争において攻撃の対象と
なっているのは、敵国の
統治形態を変えること」と
「戦争法原理」で書いている。
今の言葉で言えば、
「相手国の憲法を
書き替えること」となる。
人間不平等起源論
付「戦争法原理」

米国が日本に勝ち、
武力で占領して、
変えたのが、今の
「日本国憲法」だ。

最初は、軍隊すら
持てない憲法に
されてしまったけど、
解釈改憲だらけで、
自衛隊ならいいと
いうことになり、
とうとう
集団的自衛権まで
持ってしまいましたからね。

義務教育を
終えた国民が
読めない憲法って、
そもそも民主的じゃ
ないよ…ってのが
わしの考えだ。

「戦争の最終目的は相手国の憲法を書き替えること」である。
だが武力を使わず、相手国の権力中枢に潜入して、憲法を変えられるなら、それが一番、費用対効果がいい。
日本の国会内に教会を作る。
自民党の安倍派などを中心にして！

そのための費用は、相手国の国民を、マインドコントロールして、家庭を崩壊させながら捻出した献金を使えばいい。

あっ、それ統一協会じゃないですか！

そうだ。統一協会がそれを実行していて、あわや日本国憲法の改正案に、ヘンな条文を入れられる寸前だった。
国憲法改正草案
自由民主党
憲法は権力を縛るものという基本も理解していない、国民を縛る改憲案
まことのお父さま――
マザームーーン！

このような戦術を、わしは外国勢力による「ステルス侵略」と名付けている。
日本人はサタンなり――
先祖解怨――っ！
献金せよ――っ！

政治家の選挙ボランティアを提供しつつ恩を売り、政策協定を交わしつつ、この**「反日・反天皇カルト」**は、巧みに権力を蝕んでいった。

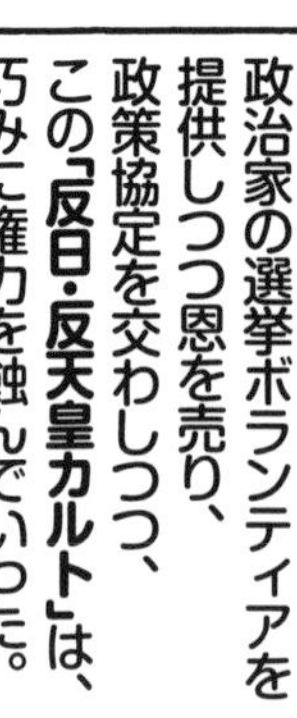

SEKAI SHISO
世界思想

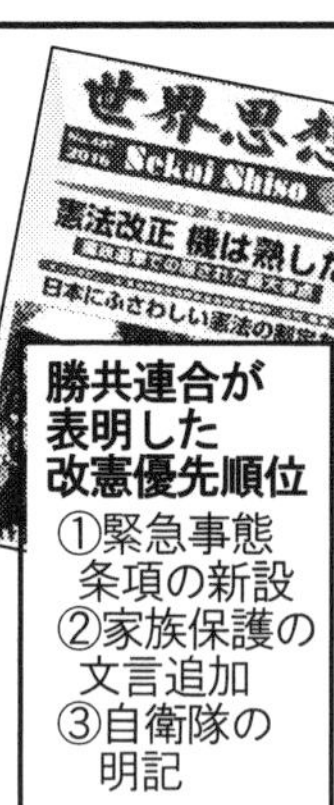

世界思想
Sekai Shiso
憲法改正 機は熟した
日本にふさわしい憲法の制定

勝共連合が表明した改憲優先順位
①緊急事態条項の新設
②家族保護の文言追加
③自衛隊の明記

自民党の改憲案と国際勝共連合(統一協会)の改憲案は、類似点が目立ち、家族保護の文言追加なども、勝共連合が提案していた。

自民党改憲草案
73条の2、64条の2
緊急事態への対応強化追加
24条
家族条項新設
9条の2
国防軍の明記

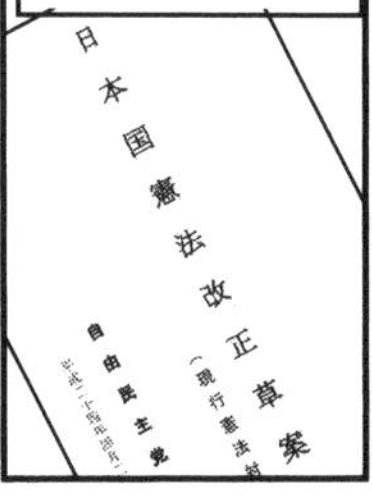

日本国憲法改正草案
(現行憲法対
自由民主党

もっとも統一協会の家族保護は、韓国の本部が、日本を財産収奪のための植民地にするための、父権的家族制度の保護に過ぎない。

夫の言葉にも
親戚の説得にも
父の涙にも動かず
逆にこっちを入信させよう
あたしも苦しいけど一緒にがんばりましょう
夫婦の絆は絶対なのよ!

選択的夫婦別姓や、LGBTや、同性婚などの法制化を阻み、皇位継承問題の**「男系固執」**なども、統一協会は自称保守派と連携して運動していた。

萩生田光一
岸信夫
山際大志郎
山谷えり子
井上義行
山本朋広
八木秀次
竹田恒泰

わしは30年前、親戚が統一協会に入信して、集金奴隷と化して、家族から相談を受け、奪還作戦に関わったが、

「これに失敗。

霊感ボランティアでもある！

家庭大崩壊!!

霊感商人

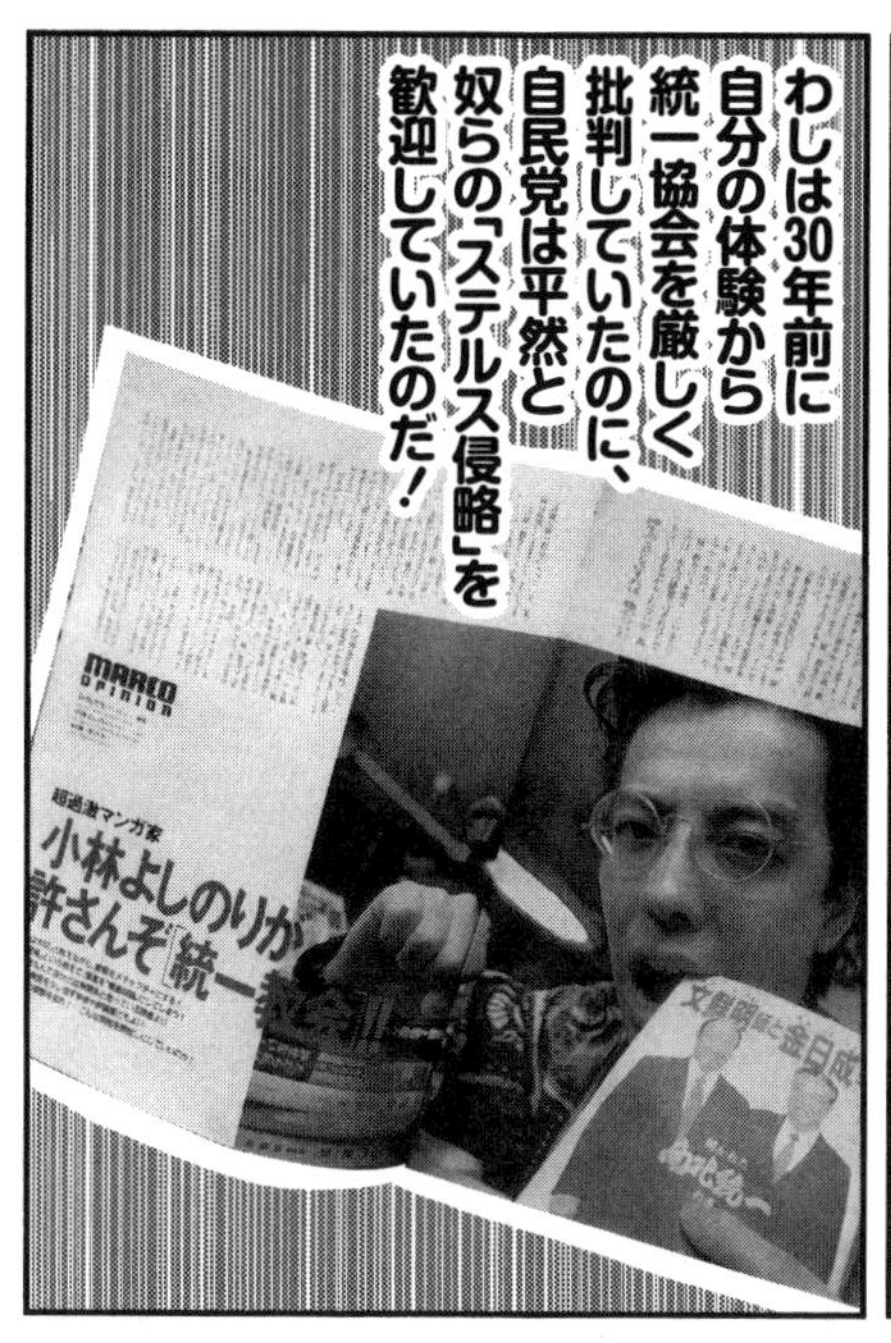
わしは30年前に自分の体験から統一協会を厳しく批判していたのに、自民党は平然と奴らの「ステルス侵略」を歓迎していたのだ！
小林よしのりが許さんぞ「統一教会」
文鮮明に金日成

マスコミが沈静化した後に、30年かけて、彼らは名称を「世界平和統一家庭連合」に変えて、着々と勢力を拡大していた。
一体、誰が名称変更を認め、誰が宗教法人格を与えたのか？
肝心な点が明らかになっていないが、このまま闇に葬るつもりなのか？

日本悪玉史観、自虐史観をベースにした「反日・反皇室」のカルト団体を、自民党が選挙のために歓迎していた。実に浅ましい！
従軍慰安婦問題
慰安婦 強制 認め謝罪
日本軍の戦う前線に運ばれる従軍慰安婦たち

その結果として、安倍晋三元首相の銃撃事件が起こったのだから、全く日本の自称保守派はお花畑で手がつけられない。
いったい何を保守したいのか?
バン
政治学者の中北浩爾一橋大学教授は、統一協会を権力の中枢にまで入れていたことを、「保守の恥」と断じた。
自民党と旧統一教会
保守派の欺瞞性が露呈
中北浩爾
全く正しい。「保守の恥」だ!
そもそも統一協会は宗教と言えるのか?
教義は日本でしか通用せず、目的は日本人の財産の収奪のみ、これは「反日カルト団体」であって、「教会」という名称を使うから、「宗教」と勘違いするのだ。
キリスト教からしたら、迷惑千万だろう。
世界平和統一家庭連合
(旧統一教会)
だからわしは「統一協会」という呼び方をしている。
協会
単なる反日団体としてわしは扱っている。

「安倍派などを中心に国会内に教会を作る」という文鮮明の発言は事実である。

こんなものは宗教ではない！
何でも信じていいなら、「テロリスト教」（テロは善なり）でも、「レイプ教」（少子化対策なり）でも、何でも宗教として、「信教の自由」があると主張できるじゃないか！
ガガガガガガ
ギャアアアア

「正体隠しして接近し、強制力を隠蔽して、恐怖と家族愛を利用し、自己決定権を奪ってコントロールする」
これをマインドコントロールと言う。

統一協会の信者は、韓国への永遠の贖罪のために、集金奴隷となって、サタンに堕ちた家庭を救おうとする。
あなたたちのためなのよ
やめて～ 脱会して～！
お金持ってかないで

あくまでも、韓国の反日感情と、日本の自虐史観が共鳴し合って完成する反日カルト団体、それが統一協会である。
安倍派などを中心に国会内に教会を作る
5. 植民地と支配された人々
日本鬼子残酷！
地域から歴史を考えよう
朝鮮・中国から強制連行された人々
朝鮮人・中国人の強制連行は、どのように行われたのだろうか。
たちは1945年6月30日、いっせいに蜂
起し、脱走を実行に移した。しかし、
体力の弱っていた者から、憲兵隊や警
察に捕らえられ、暴行・拷問を受ける
などして、多くの中国人が殺された。
現在、花岡鉱山のあった大館市では、
この事件を後世へのいましめとして、

統一協会と
オウム真理教には、
実は違いがある。
オウム信者が
求めるのは
世界観であって、
解脱して心の安寧を
求めるのは、
「自己決定」によって
なされている。

いわばマルクス主義を
信じて、革命を目指した
赤軍派のようなものだ。
赤軍
重信房子
過激派 婦人を人質に ろう城
浅間山荘突入、警官に死者
連合赤軍、立てこもって10日目
銃撃、爆発物で
一人危篤、五人負傷
泰子さんも一緒
12人をリンチ、殺害
連合赤軍、血の粛清広がる

オウム真理教は
普段はヨガによって
解脱したいだけの
宗教だ。

しかし、麻原彰晃という
殺人も正当化する人物に、
洗脳され、指示されたときに、
暴走を開始する。
今も麻原を
崇拝しているなら、
今後もあり得る。
信仰することが過激化すると、
何をするか分からないのが
カルト宗教の危険性だ。
自衛官信者が供述
オウム
小林よしのり氏
殺害未遂
薬物注射で
暗
待ち伏せ 数人
薬物入れた注射器持ち
小林よしのりさん暗
オウムが暗殺計画
小林よし
怒り心

市民社会の常識という
ルール感覚と
握手できない団体は、
危険だ。
公安の監視が
必要である。
今まで統一協会と
つきあってきた自称保守は
「創価学会と同じ」などと
暴言を吐くが根本的に
バカである。
「反日・反天皇」の外国勢力と
創価学会の違いも分からぬ
馬鹿がいるとはな！

創価学会は、昔は人を
折伏し、入信させようと
いう勢いがウザかったが、
今は市民社会に定着した。
高校生の頃は、入信した
友人に誘われて、
彼らの集まりに行き、
とことん議論したものだ。
彼らは
「正体隠し」など
しなかった。

創価学会は
「親中」なのが嫌いなのだが、
日蓮は「立正安国」だから、
「反日」ではあるまい。

自称保守は
「反日カルト」の
統一協会とズブズブで、
それが判明した後も、
擁護しているのだから、
狂ってますよね!?
月刊
Hanada
11
「安倍愛」溢れる
追悼大特集号3
統一教会信者が告発！
「魔女狩り報道」は
こう作られる
鴨野守

日本人を集金奴隷にする
団体なんて、もとより
宗教ではなく、洗脳された
「反日工作員」である。

そもそも日本人は
自然との共生の中で
アニミズムの宗教観を
持っており、
神道も仏教も、
自然信仰に融合して、
受容されている。
キリスト教でさえ、日本では、
世間と切り離された個と
GODの契約として
確立してはいない。
日本の風土が
受容する宗教と、
拒絶するカルトの差
くらい見抜けるのが
「保守」である!!
今の自称保守は「似非」!
ニセモノだらけなのだ!
小林家之墓

わしは、宗教を尋ねられたら
「仏教」と答える。
ただし宗派は関係ない。
わしは釈迦の
「色即是空、空即是色」
の信奉者であり、
相対性理論から
量子力学までを
読みふけった結果、
釈迦の悟りこそ
宇宙の真理だと
思うに至った。

さて、ウクライナ戦争に戻るが、
この戦争ほど、「反戦平和主義」の
者たちが黙り込んだことは
なかった。
反戦平和主義というのも、
かなり異様な「宗教」であって、
「祈る」「願う」しかないからだ。

リアリズムから
目を背けたら、
マインド・コントられて、
壺だらけだ！

彼らは、とにかく
戦争がイヤだから、
戦争が始まった途端に、
「今すぐ外交交渉すべき」
「停戦条約を結ぶべき」
と言い出した。

だが、プーチンは
振り上げた拳は下ろせないし、
何が何でもウクライナを
ロシアの領土にしなければ、
自分が失脚するか、
殺されてしまう。

ゼレンスキーやウクライナ国民も、奪われた領土を取り戻すまでは停戦交渉はしないと言ってますね。
ベラルーシ
ロシア
ウクライナ反撃を主張
ロシア掌握か
キーウ
ハルキウ
リビウ
ウクライナ
オデーサ
マリウポリ
2022年12月26日時点
黒海
ロシア侵攻前から支配

そりゃそうだ。日本人だって、もし侵略されて、北海道まではいいとか、沖縄までは失なってもいいとか言えるわけない！
宮古島
尖閣諸島
石垣島
西表島

しかも、ウクライナ国民は、「条約を守らないのがロシア」ということを知っている。

ほんっとプーチン・ロシアって腹立つわ〜〜。
日本の反戦平和主義もお花畑で、腹立つわ〜〜。

リアリズム・ゼロですね！
あっ、正面向いて！こっち向いちゃダメ！

ベトナム戦争では、共産主義が正義か悪かというイデオロギー対立があった…
イラク戦争はテロとの戦いは大義たり得るかという命題があって…
「善悪二元論」が通用しにくく、戦争の評価が分かれてしまった。

戦争ダメ!
戦争反対
そのような状況では、「反戦平和主義」がまだ通用する余地があると錯覚できた。
STOP WAR
戦争やめろ!

ところが今回のウクライナ戦争は、プーチン・ロシアの侵略が露骨すぎて、善悪二元論の相対化ができない。
ウクライナ

今までアメリカを
悪と認定していれば
インテリぶって
いられたはずなのに、
今回はその根拠が
あまりにもロシアの
粗末なプロパガンダか、
アホの陰謀論しか
ないですからね！
こっち向いちゃ
ダメだって！
力こぶし
握っちゃダメ
だって〜っ！

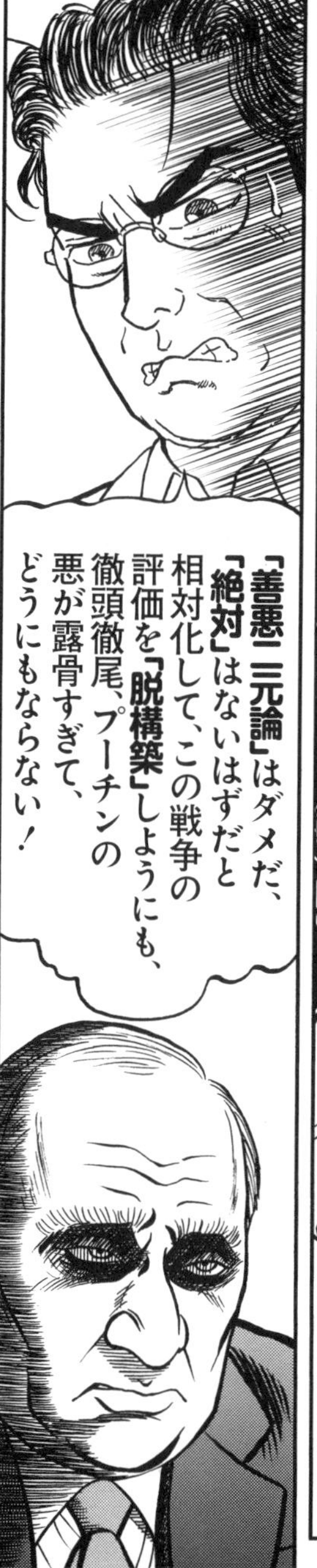
「善悪二元論」はダメだ、
「絶対」はないはずだと
相対化して、この戦争の
評価を「脱構築」しようにも、
徹頭徹尾、プーチンの
悪が露骨すぎて、
どうにもならない！

しかもロシアの作戦が
稚拙すぎるので、
敗退に次ぐ敗退！
ドオォォ
もともと大義ゼロの
侵略だから、戦争犯罪を
積み重ねるためだけの
戦争でしかない！

プーチンめ〜〜っ
サタンだ〜〜っ！
両手はなして
る〜〜〜っ！

その一方で、ゼレンスキーの
覚悟が見事すぎて、
しかもロシア本土を
攻撃せず、防衛のみで
押し返すのだから、
ウクライナの正義が
証明されるばかりで、
ウクライナ人の健闘を
称賛するしかない。
ゼレンスキーの聡明さと
勇気が、ウクライナ国内の
プロ・ロシア（ロシア語を
話し、ロシア寄りの人々）
すら黙らせ…
ウクライナ・ナショナリズム
を覚醒させ、国民を
一体化させせる快挙を
成し遂げている！

それに反して、プーチンのソ連帝国のノスタルジーというコンプレックスの暴発は、ロシア国民にどれだけ「恥」をかかせたか分からない。

ウクライナ戦争は、ノーム・チョムスキーやエマニュエル・トッドなど、世界の知識人たちにも見込み違いの「恥」をかかせている。
ウクライナ戦争の責任はアメリカにある。
先に裏切ったのはロシアではなくアメリカのほうだった。

「反戦平和主義」という宗教も通用しない。
「反米主義」というイデオロギーも通用しない。
それがウクライナ戦争だ。

今回は「ロシア＝悪」で絶対だ。
たとえ、核が使用され、第三次世界大戦になったとしても、プーチンに責任がある！

全面戦争を恐れるあまり、弱小国は次々に大国の餌食（えじき）になれ、というのは、世界を無法地帯にする絶望のイデオロギーである。
でも軍事力だけが自国の平和と野望を担保すると考える中国には、国際法は通用しませんよね？
ロシアが敗れればそうとも言えない。
独裁こそが命！民主主義は断固反対！という北朝鮮にも、国際法は無力です。
ワナ
ワナ
ワナ
いや、核を持っても、国際法に包囲されたら恐いだろう。
世界には、大国の経済力に屈して、国際法なんか知らないと思っている「公」なき国家だらけですよ。
金で属国になる屈辱に、果たして耐えられるかな？

ルールなき世界を
肯定したら、
ホッブズの言う
「万人の万人に対する
闘争」という
自然状態を招く
かもしれない。
もはや弱肉強食の
「マッドマックス」の
世界になるのか？

民主主義にせよ、
権威主義にせよ、
国家がなくなる
ことはない！
そんな思想は
まだどこにも
現れていない！
国家がある限り、
戦争がなくなることはない！
たかが殺人事件でさえ、
なくなることはないのだ。
戦争のないユートピアは
未来永劫、実現しないし、
「色即是空、空即是色」だから
やむを得ないと
わしは諦念している。
これが人類の
進歩の限界だ。
これから先は
それこそ
本物の宗教の
出番なのだろう。

それでも、唯一の
リアルな手掛かりとして、
戦時国際法を進歩
させていくのが、
人類の使命と希望であり、
それは日本という国を
守るための重要な
手段なのだ！
ごーまんかまして
よかですか？
諸君！
「我、マインド
コントられる。
ゆえに壺あり！」
となるな‼
プロパガンダや
フェイクニュースや
陰謀論の
壺に嵌るな！
自分の頭で
考えろ‼

参考文献

グレンコ・アンドリー『ウクライナ人だから気づいた日本の危機　ロシアと共産主義者が企む侵略のシナリオ』(育鵬社)
グレンコ・アンドリー『プーチン幻想　「ロシアの正体」と日本の危機』(PHP新書)
グレンコ・アンドリー『NATOの教訓』(PHP新書)
黒川祐次『物語　ウクライナの歴史　ヨーロッパ最後の大国』(中公文庫)
小笠原理恵『自衛隊員は基地のトイレットペーパーを「自腹」で買う』(扶桑社新書)
若槻泰雄『戦後引揚げの記録 新版』(時事通信社)
アントニー・ビーヴァー／川上洸＝訳『ベルリン陥落　1945』(白水社)
篠田英朗『憲法学の病』(新潮新書)
ジャン＝ジャック・ルソー『社会契約論』(岩波文庫)
小室直樹『戦争と国際法を知らない日本人へ』(徳間書店　ニュー・クラシック・ライブラリー)
小泉悠『ウクライナ戦争』(ちくま新書)
井上達夫『ウクライナ戦争と向き合う　―プーチンという「悪夢」の実相と教訓』(信山社出版　法と哲学新書)

初出一覧

第1章　部分動員・国外逃走・腕を折る・HIV診断書　『週刊SPA!』2022年11月15日号

第2章　親ロ・プーチン派の日本人　『週刊SPA!』2022年10月4日号

第3章　ウクライナ、理不尽な防衛　『週刊SPA!』2022年10月11・18日合併号

第4章　安倍銃撃と統一協会　『週刊SPA!』2022年9月13日号

第5章　30年前からの反日カルトの侵略　『週刊SPA!』1993年6月2日号

第6章　ステルス侵略されていた日本　『週刊SPA!』2022年10月25日号

「テロに屈するな」という幼稚な標語　2022年9月20日発行「小林よしのりライジング」Vol.447

戦前のテロに対する考察　2022年9月27日発行「小林よしのりライジング」Vol.448

第7章　ウクライナから台湾へ　『週刊SPA!』2022年11月1・8日合併号

第8章　ロシアと中国の歴史ねつ造　『週刊SPA!』2022年12月6日号

第9章　フィンランドとスウェーデンがNATO加盟　『週刊SPA!』12月13・20日合併号

第10章　NATO加盟はロシアの侵略が恐いから　『週刊SPA!』2022年12月27日号

最終章　我、マインドコントロールされる。ゆえに壺あり!　新規描き下ろし

［闘論席］　『週刊エコノミスト』2022年4月12日号／5月17日号／7月12日号／8月16日号／9月13日号／10月18日号／11月15日号／12月13日号

ゴーマニズム宣言
SPECIAL
ウクライナ
戦争論
2

発行日
2023年3月21日 初版第一刷発行

著者
小林よしのり

発行者
小池英彦

発行所
株式会社扶桑社
〒105-8070 東京都港区芝浦1-1-1 浜松町ビルディング
電話 03-6368-8875(編集) 03-6368-8891(郵便室)
www.fusosha.co.jp

印刷・製本
大日本印刷株式会社

 ISBN 978-4-594-09415-7